POESIAS & CANÇÕES

HISTÓRIAS, MEMÓRIAS E SONHOS

Editora Appris Ltda.
1.ª Edição - Copyright© 2024 da autora
Direitos de Edição Reservados à Editora Appris Ltda.

Nenhuma parte desta obra poderá ser utilizada indevidamente, sem estar de acordo com a Lei nº 9.610/98. Se incorreções forem encontradas, serão de exclusiva responsabilidade de seus organizadores. Foi realizado o Depósito Legal na Fundação Biblioteca Nacional, de acordo com as Leis nos 10.994, de 14/12/2004, e 12.192, de 14/01/2010.

Catalogação na Fonte
Elaborado por: Dayanne Leal Souza
Bibliotecária CRB 9/2162

N935p
2024
	Novak, Elza da Silva
	    Poesias & canções: histórias, memórias e sonhos / Elza da Silva Novak.
	    – 1. ed. – Curitiba: Appris, 2024.
	        171 p. : il. ; 23 cm.
	
	    ISBN 978-65-250-6347-8
	
	        1. Poesia. 2. Justiça. 3. Vida. 4. Verdade. I. Novak, Elza da Silva.
	    II. Título.
	
	                                                             CDD – B869.91

Appris
editora

Editora e Livraria Appris Ltda.
Av. Manoel Ribas, 2265 – Mercês
Curitiba/PR – CEP: 80810-002
Tel. (41) 3156 - 4731
www.editoraappris.com.br

Printed in Brazil
Impresso no Brasil

Elza da Silva Novak

POESIAS & CANÇÕES

HISTÓRIAS, MEMÓRIAS E SONHOS

Curitiba, PR

2024

FICHA TÉCNICA

EDITORIAL
Augusto Coelho
Sara C. de Andrade Coelho

COMITÊ EDITORIAL
Ana El Achkar (Universo/RJ)
Andréa Barbosa Gouveia (UFPR)
Antonio Evangelista de Souza Netto (PUC-SP)
Belinda Cunha (UFPB)
Délton Winter de Carvalho (FMP)
Edson da Silva (UFVJM)
Eliete Correia dos Santos (UEPB)
Erineu Foerste (UFES)
Erineu Foerste (Ufes)
Fabiano Santos (UERJ-IESP)
Francinete Fernandes de Sousa (UEPB)
Francisco Carlos Duarte (PUCPR)
Francisco de Assis (Fiam-Faam-SP-Brasil)
Gláucia Figueiredo (UNIPAMPA/ UDELAR)
Jacques de Lima Ferreira (UNOESC)
Jean Carlos Gonçalves (UFPR)
José Wálter Nunes (UnB)
Junia de Vilhena (PUC-RIO)
Lucas Mesquita (UNILA)
Márcia Gonçalves (Unitau)
Maria Aparecida Barbosa (USP)
Maria Margarida de Andrade (Umack)
Marilda A. Behrens (PUCPR)
Marília Andrade Torales Campos (UFPR)
Marli Caetano
Patrícia L. Torres (PUCPR)
Paula Costa Mosca Macedo (UNIFESP)
Ramon Blanco (UNILA)
Roberta Ecleide Kelly (NEPE)
Roque Ismael da Costa Güllich (UFFS)
Sergio Gomes (UFRJ)
Tiago Gagliano Pinto Alberto (PUCPR)
Toni Reis (UP)
Valdomiro de Oliveira (UFPR)

SUPERVISOR DA PRODUÇÃO
Renata Cristina Lopes Miccelli

PRODUÇÃO EDITORIAL
Bruna Holmen

REVISÃO
Marcela Vidal Machado

DIAGRAMAÇÃO
Amélia Lopes

CAPA
Mateus Porfírio

REVISÃO DE PROVA
Bruna Santos

Aos meus filhos: Éder, Evandro, Evânia e Elaine,
à CNBB, ao Santo Padre, o Papa Francisco,
e a Ivone Ferneda, minha primeira e única professora!

*"Um bom livro, uma simples caneta,
uma doce criança e um sábio professor podem mudar o mundo!"*

APRESENTAÇÃO

Este livro é a história de uma vida de sonhos! Muitos sonhos que não puderam ser realizados. "Criei-me no mato", trabalhando na roça dos 7 aos 8 anos de idade. Quando descobri que havia uma escola a 4 km de distância da casa onde morava, eu já tinha 9 anos. Passei a frequentar a escola, acompanhada de quatro irmãos mais velhos. Durante o inverno caminhávamos descalços todos os 4 km, sendo 1 km de grama, em que íamos quebrando o gelo com o pé, e depois afundávamos o pé na areia nos demais 3 km. No verão era tão quente que fazia bolha nos pés. As tarefas a gente fazia à luz da lamparina, depois de voltar da roça, já tarde da noite, em uma mesa pequena de madeira, onde cinco disputavam espaço para fazer suas atividades. Eu tinha um jeito triste em casa, pois o clima era difícil! Tinha apenas três direitos: trabalhar, apanhar e calar.

Eu sempre fui ligada e atenta em tudo: nas atividades da escola e da igreja, como a catequese. A professora me achou muito inteligente, dizia não existir outra igual, que era uma menina rara e que eu servia para ser presidente da República. Ela falava que poderia me empregar em banco ou qualquer outra empresa. Chegou a ir falar com meus pais, mas eles pensavam diferente!

Eu, que já chorava à toa, ainda me intoxiquei com a poeira do café. O médico disse que eu era alérgica e não podia pegar poeira. Mesmo assim trabalhei na roça até me aposentar, com a boca cheia de afta, tossindo, pesando 45 kg, por passar forme e dor, e ainda obrigada a trabalhar quando mal parava em pé.

Afirmo que sobrevivi em virtude da minha fé!

Casei-me, tive quatro filhos. Com apenas 43 anos de idade meu esposo sofreu um AVC, ficando com sequelas graves até hoje. Todos os filhos ainda eram menores de idade. Cheguei a vender milho-verde na rua, entre tantos outros esforços para sustentar meus filhos e para que eles estudassem.

Não tive oportunidade de pôr em prática tudo o que sonhei para a minha vida e da minha família. Também não obtive grande sucesso no desejo de combater a desigualdade e injustiça social, de acabar com a fome, a miséria e a devastação da natureza. Fiz o que pude, dentro das minhas limitações! E outros tantos sonhos, guardados no meu coração, agora apresento neste livro, em forma de poesia e canção.

A autora

PREFÁCIO

Disse Fernando Pessoa: "Se escrevo o que sinto é porque assim diminuo a febre de sentir."

Ao iniciar esse singelo prefácio do livro da minha mãe, Dona Elza, encontrei nessa breve citação de Fernando Pessoa algo que se assemelha muito à vida dessa senhora de quase 70 anos. Lembro-me, desde pequenino, de minha mãe com uma caneta e um papel rabiscando algumas frases, fazendo suas composições de poesias, que em outros momentos transformava em música pegando nosso humilde violão e batucando-o com algumas notas e num ritmo somente dela, elaborando melodias, finalizando suas rimas.

Eu, o filho mais velho, já sabia que viria algo para eu decorar e apresentar na igreja ou na escola! Bastava alguma data comemorativa, um concurso de poesias ou outro acontecimento de destaque no cotidiano local, nacional ou mesmo internacional, lá estava minha mãe fazendo suas rimas. E assim também foi com meu irmão e depois minhas duas irmãs, um a um, uma a uma, passando horas para memorizar suas composições, às vezes bem extensas, para as apresentações.

Se por um lado eu, com a minha timidez ou naquela condição juvenil/adolescente, resistia com o dizer "Ah mãe, vou passar vergonha", logo era convencido pelos argumentos da Dona Elza — digamos, "com muito amor e carinho, rs". Por outro lado, é inegável a influência da minha mãe na formação dos filhos/filhas. O gosto pela leitura, escrita, músicas, poesias e por violão foram decisivos para nossa sequência nos estudos. E aquilo que nos tornamos é reflexo de todo esse papel da minha mãe. Certamente ela buscou ser exemplo e se dedicou para dar aos/às filhos/filhas aquilo que ela mesma não conseguiu fazer e tanto queria: estudar.

Hoje, adulto, estudado, tenho condições de afirmar que minha mãe escrevia, com a alma e com o coração, tudo aquilo que ela pensava, que a afligia e a incomodava, e assim como afirmou Pessoa, certamente colocava no papel tudo o que sentia para diminuir a sua dor interior ou mesmo revelar outras emoções que estava sentindo.

Costumo dizer que minha mãe sempre foi/é uma mulher à frente do seu tempo. E suas poesias e músicas, presentes neste livro, comprovam isso. São temas que tratam de questões ambientais, que evocam a importância da natureza e denunciam o desmatamento e o interesse mercadológico em transformar os recursos naturais em mercadorias.

Também aborda importantes temas da política no Brasil e no mundo, condenando a prática da corrupção, a venda do voto e a falta de consciência de parte da população nos processos eleitorais do país. Associado a isso, se faz presente toda a insatisfação de Dona Elza quanto às injustiças e desigualdades sociais que assolam o país e a maior parte do mundo, combatendo as atrocidades, como guerras, mortes, violência, fome, miséria, consequências da concentração de riqueza nas mãos de poucas pessoas.

As rimas e estilo de escrita da minha mãe ainda trazem poesias e canções alusivas às inúmeras datas comemorativas e a outros temas diversos, sempre contendo uma forte influência religiosa, cristã, fruto da historicidade da Dona Elza. Como qualquer escritor(a) tem seus condicionamentos para a produção dos seus textos, a vida dentro da igreja católica, o seu envolvimento e dedicação à prática cristã cotidiana não poderiam ficar de fora das suas composições.

Dessa forma, as composições presentes nesse livro demonstram uma história de vida, de "memórias e sonhos", em que muitas outras pessoas podem se identificar e se encontrar no conteúdo das poesias e canções. Dona Elza representa tantas outras mulheres, mães, filhas, trabalhadoras, presentes na história do Brasil, que na maioria das vezes vivenciaram grandes sofrimentos, enfrentaram fortes batalhas e viram tantos sonhos se perderem. Minha mãe, com uma caneta e papel, rascunhou sua vida, seus anseios e visões de mundo. Suas composições revelam seus posicionamentos e sua luta por um mundo melhor, mais justo e fraterno.

Hoje, é visível a felicidade da minha mãe com a concretização desse sonho: autora de um livro que traz suas poesias e canções. Eu presenciei o brilho no olhar dela quando disse que a editora tinha aceitado a proposta da publicação e que o livro iria dar certo. Faz ainda mais sentido a frase de Fernando Pessoa citada no início deste prefácio, pois ao ver todas as suas composições presentes nessa obra, minha mãe parece ter amenizado as suas angústias e sofrimentos, dos tantos sonhos que não foram concretizados.

Certamente, o/a leitor/a, a cada verso e estrofe, a cada poesia e canção, se conectará com sua própria história de vida, muita coisa ressurgirá em sua memória e muitos sonhos serão lembrados. Se escrever o que sente diminui a febre do sentir, que a leitura daquilo que se sente, também possa amenizar a febre do sentir de todo/a leitor/a que passar pelas páginas desse livro.

Parabéns pelo livro, mãe! A senhora é um exemplo de mãe, de mulher e de cidadã.

Outono de 2024

Éder da Silva Novak

SUMÁRIO

PARTE I
ECOLOGIA

1. SAUDADES DA NATUREZA 20
2. ÁGUA 24
3. CURA O PÉ E MATA A MÃO 25
4. EU OUVIA VOVÔ DIZER 27
5. ABRIR OS BRAÇOS E AGARRAR ESTE DRAMA.....................29
6. AS AVES NÃO TRABALHAM 32
7. ÁGUA, FONTE DE VIDA 33
8. VIDA HÁ...35
9. COMO PODE? 37
10. ONDE ESTÁ A FELICIDADE? 38
11. PLANTAR VERDE..39
12. RECONSTRUIR HARMONIA 40

PARTE II
POLÍTICA

13. GIGANTE POBRE...42
14. CORRUPÇÃO...44
15. DITADURA..46
16. GOVERNOS E PROMESSAS..48
17. ELEITORES.. 50
18. MUNDO DE ROUBO...52
19. REMEXE E MEXE..53
20. O PREÇO DO VOTO 54
21. FIM DA MISÉRIA..57

PARTE III
PAZ E JUSTIÇA

22. SEM DEUS NÃO HÁ PAZ..59
23. PAZ 60

24. PAZ, PRÊMIO DO AMOR .... .62
25. PAZ! PAZ! PAZ! .... .63
26. PAZ, FRUTO DE VIRTUDES .... .64
27. EU TOPO A PARADA .... .65
28. LUTA E GLÓRIA .... .66
29. JÁ SEI O QUE ESTÁ FALTANDO .... .67
30. VERDADE .... .68
31. INJUSTIÇA .... .69
32. VIDA DO AGRICULTOR 70
33. ANALFABETISMO .... .72
34. CANTAR A VIDA .... .73

PARTE IV
DATAS COMEMORATIVAS

35. DIA DA PROFESSORA .... .75
36. PROFESSOR .... .78
37. MAMÃE, O SONHO MAIS BELO 80
38. MÃE .... .82
39. MAMÃE ESPERA COM FÉ .... .84
40. VIRGEM APARECIDA .... .88
41. MULHER 90
42. CRIANÇA .... .92
43. MENOR ABANDONADO .... .94
44. DEFICIENTE .... .96
45. VOCAÇÃO .... .98
46. MORTE .... .99
47. CRISMA 100
48. NATAL .... .102
49. MÃE PEREGRINA .... .105
50. ENFERMEIROS .... .106
51. PAPAI .... .108
52. TETRA 110
53. PENTA 112
54. INFÂNCIA E ADOLESCÊNCIA MISSIONÁRIA 114

PARTE V
TEMAS DIVERSOS

55. GRANDE MISSÃO 117
56. LIBERDADE, LIBERDADE 118
57. AVANÇO TECNOLÓGICO 120
58. LIBERDADE 123
59. JERUSALÉM CELESTE 128
60. AYRTON SENNA 129
61. CANÇÃO NOVA 130
62. AMOR 133
63. AMIZADE 136
64. QUE BOM SERIA 139
65. EXCEPCIONAL 143
66. CORRE, CORRE 146
67. VIVER É MARAVILHOSO 148
68. COMO REVELAR? 150
69. RELIGIÃO 151
70. MATRIMÔNIO 152
71. JOVEM 154
72. VIDA DESERTA 156
73. APENAS UMA 157
74. COMPARAÇÃO DO REINO 158
75. MUNDO MODERNO 161
76. ALEGRIA 163
77. AGROTÓXICO 164
78. AS COISAS BELAS NÃO PASSAM 165
79. FAMÍLIA E CRISTÃO 166
80. INIMIGO DA MORTE 168
81. FALAR DE JESUS 169
82. FAÇA, SENHOR 170
83. VIDA ETERNA EXISTE 171

PARTE I
ECOLOGIA

1. SAUDADES DA NATUREZA

Eu me recordo com saudades de quando era pequenino,
Da casinha que eu morava, de cipó, simples, um ranchinho
Em rádio e TV nem se falava, a dupla que ali cantava
Era cigarra e passarinho
Eu ouvia com atenção, batia palmas e acenava as mãos
Pedindo mais um pouquinho
E era linda a paisagem, ao vivo eu via as imagens
De muitos animaizinhos
Mas assim que fui crescendo, quase todos foram morrendo
E eu fiquei aqui sozinho
Eu choro de desespero quando lembro que por dinheiro
Mataram os pobrezinhos.

Seu cantar era de graça, e era linda a canção
Que fazia ao caboclo, pra alegrar seu coração
Morando em sua palhoça, cultivando a sua roça
Pra poder ganhar seu pão,
Criando os seus filhinhos, com muito amor e carinho
Sem vaidade ou ilusão
E que feliz trabalhava, porque também contemplava
O ar puro do sertão,
E quando o dia acabava, à noite ele descansava
Vendo a lua, seu clarão
As estrelas, que alegria, pois nunca transmitiam
Roubo, guerra ou mentira, como a tal televisão.

Tudo ao redor era belo naquela imensa campina
As florestas perfumadas, e as águas cristalinas

E o homem, com coragem, entre animais selvagens
Passeava nas colinas
Andando a pé e a cavalo, se molhando no orvalho
Formado pela neblina
Não dava pra imaginar que um dia fossem acabar
As águas puras das minas
Mas o homem criou asas, pois no peito uma brasa
Que queima e não ilumina
Agiu contra a natureza, a nossa maior riqueza,
Presente das mãos divinas.

Quanta fruta, caça, pesca, com fartura produzia
Como era útil saudável, completa a ecologia
Tudo por Deus planejado, todos eram alimentados
Viver melhor não podia
Mas chegou um tal progresso, dizendo fazer sucesso,
Criando desarmonia
O ser humano era gente, transformou-se em serpente
Agindo com covardia
Esqueceu-se do Criador, que tudo fez por amor,
Para o nosso dia a dia
E que nos deu liberdade, pra ser feliz de verdade
Vivendo em paz e alegria.

O homem virou uma máquina, acabaram seus sentimentos
Fez moto, serra, trator, arma, muitos equipamentos
Cegou-se pela ambição, causando a devastação
Sem ter arrependimento
Sua cabeça malvada, só ia desenfreada
Pra onde levava o vento
E este desgovernado, pelos matos derrubados
Guiou mal seus pensamentos

Este homem que era tão bom, a maldita tentação
Fez dele um mau elemento
Hoje ele é sujo na história, porque foi conquistar glória
Sem fazer planejamento.

Construiu carros e fábricas, sem medida de precaução
Só pensando em ficar rico e em ter poder nas mãos
As águas viraram represas, pra tocar suas empresas
E ficar mais tubarão
Com os rios amontoados, o clima ficou mudado
Veio a seca no sertão
E mais um passo errado pelo homem estava dado
Causando a destruição
Quanto mais ele corria, maior erro cometia
Parecia um furacão
Deus tinha algo a falar, mas não podia parar
Com tanta esganação.

E o futuro onde está? Que grande decepção!
As águas contaminadas, no ar só poluição
As terras, que em minha infância produziam em abundância
É quase tudo erosão
Muitos vivem a chorar, mas não devem reclamar,
Pois Deus sempre foi tão bom
Exigiu obediência e nos deu inteligência
Pra praticar boa ação
Cabia a todos parar e pelo alto olhar
Pra receber instrução
Foram saber mais que Deus e transformaram os sonhos seus
Na cruel desilusão.

Agora adubo e veneno se puseram a fabricar
Dizem que a terra está fraca, que é preciso tratar

POESIAS E CANÇÕES

Eu acho que dar azeite a quem pede pão e leite
Só acaba de matar
Ela quer seus animais, seus altos reflorestais
Que ousaram exterminar
Quer água pura e madeira, é a única maneira
Pela qual pode alegrar
Não vamos ficar parados, mas ver que estamos errados
E tudo recomeçar
Pedir a Deus que ilumine, pois só pelas mãos divinas
Pau seco pode brotar
Por Ele das pedras dura pode nascer água pura
Pra nossa sede matar.

2. ÁGUA

A água é vida, todos nós sabemos
É de suas fontes que estamos bebendo
Era abundante e está desaparecendo
E por tanto abuso, estamos matando e morrendo.

Ela sente a dor da falta de amor
Ela chora os ais dos seus animais
Ela nos sustenta com suas riquezas
Ela nos encanta com suas belezas
Como cristãos, temos por missão
Estender as mãos em sua defesa.

Ela se acalenta com tanto orgulho
Ela se irrita com tanto entulho
Derramam-se em pedras e até tempestade
Nos mostrando o preço da nossa maldade
Deus perdoa sempre, o homem mais mente
Ela não perdoa, isso é verdade.

3. CURA O PÉ E MATA A MÃO

Oh, minha mãe natureza, já foi rainha em beleza
Uma das maiores grandezas de que já ouvimos falar
Foi criada para todos, não podia acontecer
Que antes de muitos nascer você pudesse acabar.

Oh, minha mãe natureza, querida e protetora
Tinha que ser conservada, protegida, amada
Por ser tão encantadora
Tão logo foi consumida, murchando perdeu a vida
Por raças esmagadoras.

Oh, mãe de todo animal, que o homem ousava matar
Dizendo ser perigoso, e o povo muito medroso
Fazia exterminar
E hoje as aventuras não são perigo, loucuras?
Todos querem se arriscar.

Oh, minha mãe natureza, em que virou o sertão
Eu ainda sou criança e pouco tenho esperança
De em ti tocar as mãos
Muito ouvi falar de ti, mas nunca a conheci
É grande a desilusão.

Oh, minha mãe natureza, só ouço reclamação
De fome, doenças, vícios, morte, que decepção!
Já não existe remédio como as ervas do sertão
Hoje é na base da química, cura-se o pé e mata a mão.

Oh, homem ambicioso, diz que pensa em cultura,
Em progresso e até estuda, mas não aproveita leitura
Porque não para e pensa que segundo a Escritura
Quem aqui quer cavar muito, cava a própria sepultura.

Mas não vai se sepultar, temos que agir coerentes
Nada nós somos sozinhos, mas agindo com carinho
Deus vai ajudar a gente
Acabando a rebeldia, quem fez tudo em sete dias
Pode fazer novamente.

4. EU OUVIA VOVÔ DIZER

Eu era pequenino e ouvia vovô dizer
Das matas grandes e verdes e das flores do ipê
Que ao chegar a primavera haveriam de florescer.

Quantas flores que se abriam pra natureza alegrar
As abelhinhas do campo o seu mel vinham chupar
E transformavam esse mel para nosso bem-estar.

Os passarinhos, que lindos, faziam festas também
Cantavam e batiam asas como os anjos do além
Pareciam louvar a Deus dizendo "está tudo bem".

As águas cristalinas, que pelas matas corriam,
Onde os animais se banhavam e em sua sede bebiam
Eram saudáveis e puras como não há hoje em dia.

Vovô falava das frutas que aos domingos iam apanhar
Levava mamãe e tios pra na mata passear
Todos voltam felizes, tendo muito que contar.

Das capivaras e outras caças que às vezes ousavam matar
Dos peixinhos do riacho que gostavam de pescar
Não para fazer progresso, mas para se alimentar.

Eu hoje fico pensando na pura imaginação
Pra onde foram as florestas, as riquezas do sertão?
Onde cantam os passarinhos, não ouço uma só canção.

Também não adianta ter mata sem tigre, urso, leão
E o mar com tanta água sem baleias ou tubarão
Temos que agir depressa, tudo está em extinção.

Natureza rica e bela que Deus fez com tanto amor
Hoje morta, derrotada, ninguém lhe deu valor
Isso é crime, violência e abuso ao Criador.

Oh, homem ambicioso, cruel e interessado
Pensava tanto em futuro, mas matou-o no passado
Claro, pelo vício ficou cego, correu, mais caiu sentado.

Homem, tema mais a Deus, use melhor sua mente
Não pense tanto em futuro, mas preserve-o no presente
Será feliz, realizado, agindo corretamente.

Pense em mim, em meus amigos, em todas as outras crianças
Onde está nosso futuro, onde está nossa esperança?
Onde estão os nossos sonhos que não passam de lembrança?

Resta doença, tristeza, droga, que decepção!
Como vamos respirar se o ar é poluição
Claro, um país sem verde é um homem sem pulmão.

Mas o que vamos fazer? Não adianta chorar
É pedir perdão a Deus e tudo recomeçar
E Ele, como é bondoso, logo vem nos ajudar.

Vamos nós, crianças, todos dar nosso grito de alerta
Pra ver se nossos adultos pra ecologia despertam
Preservando, construindo, cumprindo uma lei certa
Lutando pra resgatar a parte que está deserta.

POESIAS E CANÇÕES

5. ABRIR OS BRAÇOS E AGARRAR ESTE DRAMA

Se é verdade que a nossa mãe natureza
Foi rainha da beleza muitos anos atrás
Se é verdade que animais de todas as espécies
Transformavam em quermesses as águas e os vegetais
Se é verdade que esmeralda, diamante,
Rubi, prata, ouro e brilhante existiam por demais
Se é verdade que a lei do Criador
Era tratá-la com amor para não secar jamais.

Onde está a lei, a beleza e a vida
Desta mãe querida que o Senhor criou?
Onde está o carinho, a ternura e o afeto,
O amor concreto dos que ela tratou?

Se é verdade que tinha os irmãos nativos
Puros, sábios, criativos, de cultura e de valor
Se é verdade que em plena harmonia
Expressavam alegria de viver em paz e amor
Se é verdade que de tudo se fartavam
A natureza preservava, sem destruir uma flor
Se é verdade que os brancos foram chegando,
Expulsando e massacrando, sem piedade e sem temor.

Índio era profeta, ninguém deu ouvido
Mortos perseguidos, tentando ensinar
Foi quinhentos anos, mas tá na lembrança
O grito na garganta, sem como expressar.

Se é verdade que a ordem e o progresso
Iriam fazer sucesso nesta terra varonil
Se é verdade que a bandeira rica e bela,
Com cores verde e amarela, representava o Brasil
Se é verdade que o centro era estrelado,
O brilho foi apagado, resta o céu cor de anil
Se é verdade que o branco era pureza
Esta paz, esta nobreza a violência agrediu.

Onde está a ordem, onde está o progresso?
Cadê o sucesso que eles alcançaram?
Progresso se alastrou, ordem ficou na história
Mas maldita a hora que ambos separaram.

Se é verdade que sempre produziu tanto
Por que hoje é recanto de fome e poluição?
Se é verdade que era tudo transportado
E o lucro desenfreado causou a destruição
Se é verdade que o homem era inteligente
Por que lançaram sementes de deserto e solidão?
Se é verdade que é crime a devastação
Por que a lei não reside nas florestas do sertão?

Todos nós sabemos que é grande verdade
Quem espalhava vento, colhe tempestade
Se em vez de vida semearam morte,
Hoje a triste sorte é chorar saudade.

Se é verdade que a injustiça e ambição
Invadiram os corações dos filhos que ela gerou
Se é verdade que pra ter grandes conquistas
Estes filhos, egoístas, na pobre mãe não *pensou*

Se é verdade que sofremos consequências
Miséria, morte, doença foi o que pra nós sobrou
Se é verdade que eles pensavam em futuro,
Mas surdos, cegos, inseguros no presente o *matou.*

Vamos abrir os braços e agarrar este drama
Ela está de cama querendo viver
Pede vitamina, recebe veneno
Com filhos pequenos e outros pra nascer.

6. AS AVES NÃO TRABALHAM

As aves não trabalham nem ceifam, encontram campo, abrigo, fruto e flor
E nós, que somos mais que criaturas, além de filhos somos eternos no poder do Criador.
Vejamos o que Ele preparou, contemplamos como é grande Seu amor
Irmãos, aqui estão nossos talentos, transformados em alimentos pela graça do Senhor.

Nós te louvamos e te bendizemos pelos talentos colocados em nossas mãos
Muito obrigado por ter transformado em alimento o suor de cada irmão.

7. ÁGUA, FONTE DE VIDA

A água é fonte de vida
Da mais preferida
Que o Senhor criou
Não deixe transformar em morte
Pela triste sorte
Do seu desamor.

A água é pura e transparente
Brota das nascentes
E não pode parar
Se alguém pretende ter futuro,
O melhor seguro
É por ele zelar.

Sei que ainda estou no ventre,
Mas que, de repente,
Poderei nascer
Com as terras desprotegidas
As águas já sem vida
Como irei viver?

Alimenta-se e fica triste
Diz que não resiste
É tudo envenenado
Aquilo que foi semeando
Já está comprado
Dentro do mercado.

Saber que Deus criou o homem.
Feito à Sua imagem
Com tanto carinho

O inimigo armou a trama
Jogou-o na lama
Como um vermezinho.

Se chora, seca e enchente
Destruindo a vida
É fruto da descrença
Deveria acreditar
E primeiro chorar
A desobediência.

Os vícios causam amargura,
Miséria, loucura, deixam insatisfeito
Sem Deus, que é o conteúdo
Pode ter de tudo
Paz não tem direito.

O homem perdoa pouco
Quem perdoa sempre é o Criador
A natureza não perdoa
Só se colhe dela
Aquilo que plantou.

Já pensou que desespero
Ter muito dinheiro
E nada pra comprar?
Carteira cheia, mas vencida
Sem água e comida, no que vai usar?

Vamos cuidar da vida
Curar as feridas que estão sangrando
Tire o lixo e plante verde
Pra que a esperança
Possa ir brotando.

8. VIDA HÁ

Vida há: onde os amigos se reúnem
Os inimigos se dão as mãos
E sentem-se realizados
Sem nenhuma frustração.

Vida há: onde os jardins florescem
Desabrochando com vigor
Para que as borboletas pesquisem suas belezas
Na companhia do beija-flor.

Vida há: quando as flores do campo
Recolhem seus perfumes
Dando maior espaço
Para as luzes dos vagalumes.

Vida há: onde as abelhinhas
Encontram matéria-prima
Para seu mel fabricar
Sua paz e felicidade
É ter com que trabalhar.

Vida há: onde as águas são claras
Sem nada pra poluir
E os peixes fazendo festa
Possam se reproduzir.

Vida há: na natureza deserta
Onde vive os animais
Sem que o homem esteja perto
Pra perturbar sua paz.

Vida há: onde a verdade tem vez
E a esperança voz.
Onde a justiça do Reino
Seja acolhida por nós.

9. COMO PODE?

Como pode viver sem a natureza?
Como pode desprezar tanta beleza?
Como pode desfazer-se desta nobreza?
Como pode alguém ter tanta avareza?
Pra ajuntar riqueza, fez esta destruição.
Como pode ser tão tolo e egoísta, permitindo que a injustiça
Roubasse o seu coração?

Como pode viver de poluição?
Como pode maltratar o seu pulmão?
Como pode massacrar a geração?
Como pode exportar o nosso pão?
E o futuro da nação, que não pertence a você?
Como pode se render à tentação se o Senhor o fez tão bom,
Com liberdade e poder?

Como pode entregar o seu país?
Como pode fazer o povo infeliz?
Como pode cortar cultura e raiz?
Como pode porque meia dúzia quis?
Claro, ficaram felizes, milionários de repente
Como pode desrespeitar os demais? Que nunca serão capazes
De viver dignamente.

10. ONDE ESTÁ A FELICIDADE?

Onde está a felicidade que tantos procuram e não pode encontrar?
Onde está a felicidade que tantos desejam, mas fica no ar?
Ela está na floresta, nos campos, onde os passarinhos se alegram a cantar.
Ela está nas águas cristalinas, onde os peixes saudáveis vivem a festejar.

Onde está a felicidade que tantos procuram, vivem a insistir?
Onde está a felicidade que muitos perderam, sem forças de agir?
Ela está na simplicidade de uma criança a brincar e a sorrir.
Ela está no perfume das flores, onde o beija-flor vem beijar e sentir.

Onde está a felicidade que tantos procuram e não tem solução?
Onde está a felicidade que todos anseiam em seu coração?
Ela está nas matas selvagens, onde os animais vivem em união.
Ela está nos banhados e mares onde há jacaré, baleia e tubarão.

Mas se a felicidade está aí, como posso sentir se mais nada se vê?
Mas se felicidade está aí, como vou refletir, pra historiar se eu viver?
Vai lutar contra destruição, pra que o sertão possa reflorescer.
Construindo vida e harmonia, a paz e alegria há de resplandecer.

Onde está a felicidade que tantos procuram, insistem e não acham?
Onde está a felicidade que muitos buscam, mas outros relaxam?
Ela está pertinho de Deus, por isso bem longe de toda desgraça!
Ela está dentro de um coração, onde a esperança não morre e não passa!
Ela está.

11. PLANTAR VERDE

Vamos plantar verde, preservar a vida
E para o deserto dar a despedida!
Vamos plantar, vamos regar, vamos cuidar!
Pra renascer, pra florir, pra crescer!
Vamos plantar no presente pra no futuro colher!

Quem planta verde sempre colhe esperança
É como a paz da criança, nada pode abalar!
Respira ar puro e admirar com certeza
A mais bela das riquezas
Que alguém pode contemplar.

Quem planta verde sempre colhe alegria
Já acorda todo dia
Com passarinhos a cantar!
Abre a janela, vê flores desabrochando
O perfume se espalhando
Tão suave quanto a paz.

12. RECONSTRUIR HARMONIA

Como pôr um fim em tanta avareza
Pelo prejuízo causado à nação?
É um vício terrível contra a natureza
Sua bela obra é a destruição
Foi grande a tragédia, pequena a defesa
Fumaça pelos ares e cinzas pelo chão
Mas o tempo passa, chegou a tristeza
De colher os frutos da decepção.

Vamos reparar reconstruindo o verde pra viver em harmonia
Ver os animais em uma só orquestra
No som da floresta cantar melodia.

Vamos restaurar a fauna e a flora
Preservar os rios da poluição
Zelar pela vida, que lamenta e chora
Resgatando aquelas que estão em extinção
O índio era sábio, profeta da hora
Os brancos vão morrer por tanta ambição
Foi há quinhentos anos e só viram agora
Que essa triste história sirva de lição.

PARTE II

POLÍTICA

13. GIGANTE POBRE

Brasil, gigante país
Belo, rico e atraente
Seria muito melhor
Se não fosse tão carente
Se não vivesse enganado
Por um bando de serpente
E fosse administrado
Por pessoas competentes.

Que mal têm muitos políticos
Pra ser monstros em vez de gente?

Nosso povo está cansado
De viver sempre enganado
Nunca nasce uma política
Pra libertar explorados
Os planos que eles fabricam
Já nascem tortos, furados
Se for útil, progressista
Ficam anos engavetados.

Que mal fez o povo
Pra ser tão injustiçado?

O país é produtivo
É fácil administrar
Só precisa de honestidade
E coragem pra lutar

Um povo unido, valente
Que saiba colaborar
Fiscalizando o trabalho
Fazendo o roubo acabar.

Que mal também faz o povo.
Como omite em denunciar!

Muitos pensam que políticas
Não são para cristão
Por isso nosso mundo
Chegou nesta situação
Se não entra alguém mais íntegro
Esta tal corrupção
Vai destruindo o país
Envergonhando a nação
Vamos dar um basta a ela
E assumir a direção.

Que grande mal do país
Render-se à tentação.

14. CORRUPÇÃO

O homem se diz esperto, na verdade não tem visão
Caiu no primeiro laço que lhe armou a tentação
Pensou ser livre a estrada, entrou sem arma e sem nada
E lá estava escalada a tal da corrupção
Ele virou objeto, e nesta ele mergulhou
No povo não mais pensou, causando decepção.

Corrupção é maldade, é obra do Satanás
Que toma conta do homem, destruindo sua paz
Faz dele um verme maldoso, tolo, cego e invejoso
Descrente e ambicioso que nada o satisfaz
O mundo é uma gangorra, se alguns pretendem subir,
Quantos terão que cair sem de se levantar serem capazes.

Corrupção é uma peste que a muitos quer matar
Contagiou muita gente, está difícil acabar
Entrou em nosso país, foi criando raiz
Fazendo o povo infeliz sem saber dela escapar
Os pobres já estão sofridos, não sabem o que fazer
Escravos de um poder que só quer se aproveitar.

Corrupção é igual droga, deixa os homens entusiasmados
Ajunta-se entre os poderosos, e os trambiques estão formados
Quanta fome ela causou, amargura, morte e dor
Quantos sonhos de amor por ela foram derrotados
É sem dúvida uma desordem, traz violência e desgraça
De muitos quebrou a taça, com vinho já colocado.

A corrupção é forte, é como uma corrente
Laçou muitos governantes, adoeceu suas mentes
Correu campo e cidade, destruindo liberdade
Pra dizer bem a verdade, se escapou foi pouca gente
Tem eleitor desonesto, falso, egoísta e covarde
Vende o voto e a dignidade e diz que sofre injustamente.

Será que não tem político capaz de boa ação,
Que tenha mente sadia e Cristo no coração?
Que use a inteligência pra rever sua consciência
E agindo com competência bote um fim na exclusão
Que sem interesse próprio, com respeito e honestidade,
Trabalhando com a verdade, construa nossa nação?

Sim, as esperanças são grandes, Deus tem todo o poder
Derruba os poderosos e faz humildes vencerem
Vamos com dignidade honrar nossa liberdade
Custou sangue, na verdade, não podemos esquecer
Vamos já nos instruir e prevenir nosso irmão
Voto é justiça nas mãos, a paz depende de você.

15. DITADURA

Lembro-me, ainda criança, e até hoje me dói
Os mártires da ditadura, que lá morreram por nós
De coronéis mãos de ferro, terríveis capitães
Que a ação de perseguir, pisar, prender, flagelar até a morte
Era festa e diversão.

Seu plano era voltar à era da escravidão
Rico grito, pobre cala
Se levantar a cabeça, chicote estrala
Se tentar fugir, o troco é bala
E corpo fica no chão!
Ah, se abrissem a boca, perdiam olhos e dentes
Despois de espancados, iam pro ninho das serpentes
Eram abusados, tomavam choques, até morriam inocentes
Quantos na selva jogados sem nunca serem encontrados.

Saciados pelo ódio, unidos num só destino
O desejo era se vingar, o fim do coronelismo
Nunca suportaram a ideia de negros e pobres
Serem gente, viverem com dignidade, trabalharem honestamente
Terem terras, famílias, religião!
Andarem de cabeça erguida como qualquer cidadão
Teriam que ser escravos, capachos de tubarão!
Para que esbanjassem luxos, carros, castelos, avião
E os pobres sendo explorados, andassem de pé no chão.

Mas quem traz a cruz no peito e honra ser cristão
Enfrenta reis poderosos, não teme valentões
Sabe que conservadorismo é um costume pagão

POESIAS E CANÇÕES

Que os doutores da lei seguiam por tradição
Para que atrás da escritura escondessem a podridão
Foi o jeito dos fariseus de convencer a multidão
De entregar Jesus à morte e depois lavar as mãos
Condenar pra dizer que é forte
Quanto maior o número de morte
Maior a satisfação
Tipinho capitalista símbolo da corrupção
Injustiça, preconceito, miséria, desrespeito,
Violência e exclusão.

Temos que estar atentos, votar iluminados!
Fariseus sempre existiram, tão por aí espalhados!
Pilatos com sua corte ainda comanda reinados!
Não podemos esquecer, achar que isso é passado
Quantos hoje caem em golpes desses generalizados.

Por pouco nosso Brasil se livrou desse atentado!
Pelos justos, inocentes, Deus
Orientou nossa mente, assim fomos preservados!
Louvo-te, glorifico-te, Deus verdadeiro, honrado.
E grito de coração muitíssimo obrigado!

Perdoe os malfeitores, tolos, cegos, arrogantes.
E os que são enganados por serem tão ignorantes.

16. GOVERNOS E PROMESSAS

Governantes e comitiva
É grande a expectativa
Não nos deem decepção
Tudo que foi prometido
Agora é pra ser cumprido
Não digam que estamos falidos
Que um lugar empobrecido
Não tem mais solução.

Vocês não sejam egoístas
Façam como Davi salmista
E o grande rei Salomão
Peçam a Deus sabedoria
Terão em grande quantia
Pra construir harmonia
Servindo com alegria
Os direitos da nação.

Tudo difícil está
Só Deus pode nos salvar
Desta triste situação
Mas se n'Ele ninguém crer
Não confiar em Seu poder
Nada Ele irá fazer
E como podemos ver
Vai ser sempre confusão.

Na campanha é fácil, é bom
Mas se tira os pés do chão
Não se pode caminhar
Tem que haver muita cautela
E não ser tão tagarela
Promessas grandes e belas
Nada de ponte e pinguela
Onde rio não vai passar.

Pelos que estão deixando
Os seus cargos entregando
Vai nosso aperto de mão
Pelos bens realizados
O nosso muito obrigado
Se foram certos ou errados,
Um dia serão julgados
E recompensas terão.

Acabou a brincadeira
Vamos de qualquer maneira
Todos juntos trabalhar
Não há mais adversários
Nem patrão, só operários
É todos cumprir horário
Não pensar só em salário
E as obras realizar.

17. ELEITORES

Eleitores que se vendem
Não têm por que reclamar
Quando as eleições passam
Já é tarde pra chorar
Vocês são os culpados
De os políticos endividar
Pra eles nada tem preço
O que importa é ganhar
Agora que são escravos
Seu direito é trabalhar
Vão ter que pagar as dívidas
Feitas para lhes comprar.

Políticos bons e honestos
Tem poucos no calendário
Muitos são politiqueiros
Falam mais que papagaio
E pra enganar o povo
São cobaia de empresário
Dão esmola, fazem favor
Prometem emprego e salário
Parece até serem santos
Caminhando pro calvário
No fundo é trouxa dos monstros
Fazendo o povo de otário.

A pobreza já é grande
As eleições passaram
Muitos ricos estão cobrando
Dinheiro que emprestaram
Com juros e correção
Dizem eles que já dobraram
Como é que vamos pagar
Se as verbas nem chegaram?
Ainda bem que com nosso povo
Nem sequer preocuparam
Pra onde foram as verbas
E os impostos que pagaram?

Governo mandou dinheiro
Pra saúde e educação
Politiqueiros se reuniram
Dividiram com grandalhões
As verbas da agricultura
E de associação
Os pobres sentiram cheiro
E também lá meteram as mãos
O país só tem conserto
Com a fiscalização
Mas poucos são os fiscais
Pra tanta corrupção.

18. MUNDO DE ROUBO

Mundo de roubo, mundo roubado
Uns roubam mais, outros menos
Cada qual como pode
Se tirar satisfação,
Todos reconhecem vítimas e são
Não do roubo, mas do pecado de roubar.

Governo que rouba o povo
Povo que rouba o governo
Pior é a péssima conclusão
De que todos são vítimas
E nunca ladrões.

O mundo folgazão
É uma aldeia de Pilatos
Tentando lavar as mãos
Mas e a consciência?
Alguém lava?
Será que sim?
Ou será que não?
A chegada da justiça
Vai trazer sua razão
Cuidado... este é o banho
Onde muitos se afogarão.

19. REMEXE E MEXE

Um tal de remexe e mexe, mexe e vira, vira e mexe, mas ninguém sabe mexer

Quanto mais mexe mais vira, quanto mais vira mais mexe, mas sem nada acontecer

Dizem que é questão de momento, passa hora, dia, tempo, ninguém mexe pra valer.

Mexe e vira, diz que é cara; vira e mexe, é coroa

Ninguém mexe no salário daqueles que vivem à toa

O pobre trabalhador mexe, vira só que soa

Empregado mexe a massa, vira o pão, põe vinho na taça, mas vê lá se come broa.

Mexe e vira é exploração, vira e mexe é um desleixo

O homem era inteligente, parece não ter mais jeito

Mexe e vira essas cadeiras, não pode existir respeito

Espero que se sente alguém que remexa nesse trem e bote o Brasil no eixo.

20. O PREÇO DO VOTO

O Brasil não chegou aonde está por acaso
Tudo teve um preço!
O preço do voto!
O voto, que era pra ser uma arma no combate à corrupção,
Passou a ser alimento pra sustentá-la!
Virou comércio nos bolsos de tubarões!

Leva quem paga mais
Tá aí o porquê de tanta violência!
Medo, desespero, cada dia mais
Quando vende o voto, vende-se a paz!
Liberdade, emprego e a própria dignidade!
Vender o voto é registrar-se como escravo, perde todos os seus direitos
Depois reclama que o mundo não tem jeito!
A voz do povo é a voz de Deus.
Por que não o deixa falar?
Quem sabe é hora de aprender a escutar!

Enquanto tiver voto à venda
Tem político sem trabalhar
Formando quadrilhas, desviando verbas
Explorando trabalhadores pra comprar!
Olhe pra educação, tem mais o que piorar?
Quantos menos conhecimento
Mais fácil enganar!
Por que em vez de universidades
Criam seitas, treinam pastores?
Para lavar cérebros e destruir valores!
Constroem igrejas, templos pagãos
Pra negociar votos e falsificar cristãos!

Negros foram escravizados, Tiradentes enforcado
Muitos por nazistas torturados, jovens linchados
Pra deixar livre a nação!
E tem ignorantes, que não se dão o respeito!
Perde a moral, o direito e se vende aos coronéis, generais, pastores, falastrões
Que juntos formam a quadrilha, os corruptos das religiões
E fazem dos fiéis escravos, batendo em portões!
Sem olhar pra frente, pro alto, pro lado!
Por isso o apelido é gado.

Não enxergam um palmo diante do nariz,
Acham que pra comprar voto cai dinheiro do céu. Cai, não!
Sai da sua empresa, casa, garagem, sim: carro, televisão.
Sequestros, assaltos a bancos, carga de caminhão!
De tudo que levam os ladrões!
Deixando mortos, feridos, pânico, dor e frustações!

Por isso vender voto é crime, é dizer sim!
É sujar as mãos no sangue desses irmãos!
Quebram a corrente da paz
Pra desordem e confusão!

Para ser fiel ao voto, tem que discernir primeiro
Entre a política e politicagens!
E o político dos politiqueiros!
Esquecer faraós e fariseus,
Deuses trambiqueiros!
Olhe firme para o infinito, há um Deus grande e bendito
Fiel, justo e verdadeiro!
Peça discernimento, força, sabedoria pra usar bem seus talentos!

Ser político não é ser prefeito, deputado, ter salário, estar no Congresso.
É praticar a justiça, ser bom, honrado e honesto!
Defender a vida, estando longe ou perto!
Impedir a natureza de se transformar em deserto!

Denunciar mentiras e injustiças: as maiores assassinas
Que se impregnaram no capitalismo e até hoje nos dominam!
Praticam crimes absurdos, lavam as mãos e se sentam em cima!
Nos outros, pequena falha é motivo de chacina!

Santo João Paulo II, quando veio ao Brasil,
Ficou triste, inconformado com tudo que aqui viu!
Tanta fortuna e tanta miséria numa mesma nação!
Tão perto, mas tão distante! Como da caridade pra ambição!
Tem lares, famílias nessa mesma situação!
Tem picaretas espertos em todas as repartições!
Malandros, maus-caracteres, vivendo de exploração!
Se puder roubam até Deus, ainda se dizem cristãos!

Hora de votar! Pense nos filhos, vote consciente, vote com o coração
Nada de quem caça marajás, mata bandidos, acaba com corrupção
Que fala em nome de Jesus usando a religião
Que fala mal dos outros para tapar sua podridão
Que para se mostrar forte, dá uma de valentão
Grita por pena de morte, sem perceber que é ladrão.

Não vote em promessas, esmolas, interesse, favor!
Isso custa lágrimas, sangue e dor
Talvez a vida do irmão trabalhador
Como vai ser feliz? Ter a paz que sempre quis?
Sendo cúmplice do opressor.

21. FIM DA MISÉRIA

Um dedinho não faz falta, tamanho não é documento
Faculdade sempre ajuda, dinheiro acaba com o tempo
Vamos reunir políticos, religiões e movimentos
Pra acabar com a miséria, ajuntando nossos talentos
Chega de uns terem mansão e outros estarem ao relento
Uns morrerem de congestão e outros de comer vento.

Venha se ajuntar a nós quem não quer mais violência
Ela é fruto da injustiça e da desobediência
Da ganância, da ambição e da falta de competência
Não precisa ser um gênio e alcançar muita ciência
Abrindo os olhos da fé vai ver com inteligência
Somente a corrupção causou essa decadência.

Vamos lá, ordem e progresso, Brasil precisa de amor
Não fuja do compromisso, é hora de se expor
Se descruzarmos os braços, proveremos o nosso valor
A esperança venceu o medo constrangedor
Agora é crer na verdade e com Deus ser vencedor
Dizer ao FMI que ele não é mais Senhor.

PARTE III

PAZ E JUSTIÇA

22. SEM DEUS NÃO HÁ PAZ

Se os cristãos acreditassem
Que o mundo não é eterno
Que existem só dois caminhos
Para o céu e para o inferno
Se fizessem o que Deus manda
E aceitassem o que Deus faz
Seriam bem mais felizes
Gozando da santa paz.

Mas os cristãos são teimosos
Têm a cabeça dura
Coração parece pedra
A verdade não perfura
Vivem enganando a si mesmos
Pensando saber demais
Não obedecem a Deus
Por isso nunca têm paz.

Apesar de inteligentes
Querem viver de fantasia
Não procuram os dons divinos
E as virtudes de Maria
Buscam ser felizes em tudo
Mas nada os satisfaz
Sem Deus, que é o conteúdo,
Não podem nunca ter paz.

23. PAZ

Temos que mostrar para o mundo
Que a paz não é calar
Falar muito, escutar pouco
Ou então só reclamar
E sim defender a vida
Que muitos querem matar.

Temos que mostrar para o mundo
Que a paz não é magia
Que se fica procurando
Como uma fantasia
Mas é fruto do trabalho
Realizado a cada dia.

Temos que mostrar para o mundo
Que a paz não é ilusão
De mentir pra ser bonzinho
Ou dar muita explicação
Apenas dizer a verdade
Seja ela sim ou não.

Temos que mostrar para o mundo
Que a paz não é vaidade
Sonho, fama, moda, luxo
E até falsa santidade
Mas adquirir virtudes
Pra ser santos de verdade.

Temos que mostrar para o mundo
Que a paz não é aparência

Não carregar o santo rosário
Só para marcar presença
Mas rezá-lo todo dia
Em louvor e penitência.

Temos que mostrar para o mundo
Que a paz não é dinheiro
Quantos só pensam em ter mais
E outros o mundo inteiro
Tem pobre gozando da paz
E rico no desespero.

Temos que mostrar para o mundo
Que a paz não está no prazer,
Sossego e tranquilidade
Que muitos procuram ter,
Mas na dura realidade
De quem cumpre seu dever.

Temos que mostrar para o mundo
Que a justiça não se faz
Não se compra, não se vende
Nem se esconde por de trás,
Mas apenas se pratica
Pra construir a paz.

Temos que mostrar para o mundo
Qual é a paz do Senhor
Aquela que se conquista
Praticando seu amor
Anunciando e denunciando
Sem temer a própria dor.

24. PAZ, PRÊMIO DO AMOR

Quantas vezes procuramos a paz no bem-estar de nossas vidas
Assim nunca vamos encontrar, quanto mais procuramos mais distante e perdida
Temos que agir diferente, lançar a semente para ser colhida.

Se queremos de verdade a paz, enfrentamos a realidade
Esqueçamos toda mordomia, olhemos pra Maria, quanta atividade
E sigamos seu Cristo Jesus levando a cruz e aceitando a verdade.

Semeando esperança e justiça, denunciando a exploração
Socorrendo os sem vez e sem voz, que vivem a só na escravidão
Colheremos paz interior, maior prêmio do amor pra qualquer coração.

POESIAS E CANÇÕES

25. PAZ! PAZ! PAZ!

Paz, paz, paz, por que não nasce, por que não cresce, por que não flora e se reproduz?

Paz, paz, paz, o que tu fazes, onde estás? Dê-me uma pista, dê-me uma luz

Oh, ser humano, oh, cidadão, homens, mulheres, todos cristãos

Como me dói ver tanta aflição, querer ajudar e não ter condição

Estou batendo nesta direção, mas é muito duro vosso coração

Onde Deus não nasce, não posso crescer

Onde Deus não flora, não vou produzir

Se Ele está escasso, eu não tenho espaço

Só cabe a vocês pela paz decidir

Sim, a paz é Deus e Deus é a paz, pense no que fez, olhe no que faz

Se plantar justiça a paz vai surgir, se regar no amor ela irá florir, se desanimar ela irá sumir

Mas se acreditar a paz vai conseguir.

Paz, paz, paz, por que se esconde, por que se cala, por que que dorme e não se desperta?

Paz, paz, o que tu fazes, onde estás? Dê-me uma chance, dê-me um alerta

Oh, caro jovem, adolescente, criança, adulto e toda gente

Dói-me a alma, fere-me a mente ver o homem escravo sendo inteligente

Quero ajudar, mas como é descrente, é mau, orgulhoso e desobediente

Onde Deus se esconde não posso falar, onde Deus só dorme não vou despertar

Se Ele está escasso, eu não tenho espaço, só cabe a vocês pela paz procurar

Sim, a paz é Deus e Deus é a paz, pense no que fez, olhe no que faz

Se plantar verdade a paz nascerá, se regar no amor ela florirá

Se desanimar ela murchará, mas se acreditar a paz vai conquistar.

26. PAZ, FRUTO DE VIRTUDES

Paz, fruto do amor, fruto da justiça
De cada mil que a buscam
Vê lá se alguns a conquistam.

Paz, fruto da verdade, fruto do trabalho
De cada mil que a buscam
Só alguns não cortam atalho.

Paz, fruto da bondade,
Fruto da esperança
De cada mil que a buscam
Só alguns têm como herança.

Paz, fruto da amizade, fruto do perdão
De cada mil que a buscam
Alguns têm no coração.

Paz, fruto do saber, parar, pensar e agir
De cada mil que a buscam
Alguns irão conseguir.

Paz, fruto de quem semeia,
Não de quem quer colher
Frutos de virtudes, não de vaidade e prazer
Por isso de mil que a buscam
Alguns irão receber.

27. EU TOPO A PARADA

Eu sou tão pequeno, não tem nada igual, mas meu coração tem um grande ideal
Construir o bem, destruir o mal, investindo todo o meu potencial
Nada de reserva, doação total, o mundo precisa de uma geral.

Sei que não sou nada, mas topo a parada, me sinto honrada e acho legal
Estender as mãos, entrar em ação da maior construção, que é o reino universal.

Pra Deus não precisa poder e beleza, Ele é o Criador de toda riqueza
Importa ter fé, amor e pureza, sinceridade, esperança e firmeza
Pra que Ele aja com delicadeza, construindo por nós Sua grandeza.

Sei que não sou nada, mas topo a parada, me sinto honrada e tenho certeza
De que na hora certa Ele me liberta, Sua mão estará alerta em minha defesa.

28. LUTA E GLÓRIA

Viver é sempre uma luta
Lutar é sempre uma glória
Não há vitória sem luta
Nem luta sem vitória
Quem quer sair vitorioso
Aprenda esta história.

29. JÁ SEI O QUE ESTÁ FALTANDO

Já sei o que está faltando na mesa do meu Senhor
Pra que o mundo seja belo e tenha mais esplendor
Falta cristão de verdade, fiéis, justos servidores
Confiança em Deus Pai, no poder transformador
Esvaziar de nós mesmos pra nos enchermos de temor,
Desapego e partilha, fraternidade e amor.

Está faltando paz, está faltando amor
Está faltando justiça, por isso há pranto e dor.

Orgulho causa luxuria; inveja, avareza
Preguiça, gula e ira nos matam com certeza
Fé, caridade, esperança, virtudes da natureza
Justiça e temperança, prudência e fortaleza
Diante de nossa pequenez esta é a maior grandeza.
Pra que morrer na miséria se temos tanta riqueza.

30. VERDADE

A verdade é útil em tudo que existe, pena que muitos provam e poucos resistem.

A verdade é um alívio, tranquiliza e liberta, pena que muitos jogam e poucos acertam.

A verdade é pura, ela constrói a paz, pena que muitos chegam e volta pra trás.

A verdade é um alerta, ilumina e guia, ora parece amarga, mas traz alegria.

A verdade encanta, é muito atraente, mas para aceitá-la tem que ser inteligente.

A verdade é para o sábio uma luz na estrada, para o tolo é uma pedra e o fim da jornada.

A verdade é Jesus, que todos diz amar, não posso amar Jesus e a verdade odiar.

Pois se Deus fez ambos o mesmo, quem sou eu pra separar?

Ou eu caminho com os dois, ou então é melhor parar.

Mas, por favor, recomece. Não custa nada tentar.

31. INJUSTIÇA

Oh, injustiça, fogo que mais queima
Faca que mais corta
Vento que mais destrói
Espada que mais fere
Arma que mais mata
Ferida que mais dói
Pensamento que mais oprime
Silêncio que mais deprime
Ferrugem que mais corrói.

Você esmaga os ossos
Resseca a garganta
Enlouquece a mente
Paralisa o coração
É a pior das piores
A desgraça das desgraças
A maior das maldições.

Maldito quem a pratica
Sem levar em consideração
Que a pessoa de Cristo
Está presente no irmão.

Mais maldita é a cegueira
De acreditar na besteira
Que injusto pode ser santo
E santo pode ser ladrão.

32. VIDA DO AGRICULTOR

Preparar solo, lançar sementes
Enfrentando, indo contra o tempo
Frio, chuvas, Sol muito quente
Trabalhando sem medida
Muitas vezes doente
Sem recursos, na miséria
Como se não fosse gente
E quando faz a colheita
Oh, o que vem pela frente
Seus cereais não têm preço
E o pobre dá de presente
Lá põe as mãos na cabeça
E fica muito descrente
Mas o que posso fazer?
E vai plantar novamente.

Roça, quanto adubo
Sementes, dificuldades
E onde está o seu lucro?
Foi-se embora pra cidade
Agricultor: quantos esforços,
Cansaço, suor
E onde está o seu lucro?
Nos bolsos de algum doutor
Seja ele advogado,
Prefeito, governador,
Ministro, presidente,
Deputado ou senador

Promotor, secretário
Juiz, vereador
Muitos são como ratos
Roendo o agricultor
Nas mãos só deixam os calos
E no coração a dor
De lutar tanto por nada
Dando a outros sabor.

Meu Deus, quantos faraós
Anjo exterminador
Até quando vão beber o sangue
Do pobre trabalhador?
Oh, injustiça danada!
Minha alma está arrasada
Ajude-me, nosso Senhor.

Arrasada, mas não se cansa
Ainda há esperança
Que um dia há de melhorar
Se todos forem pra cidade
Aumentam as dificuldades
Será que as autoridades
Não pode nisso pensar?
Vamos lutar pela conquista
E gritar pela justiça
Até alguém escutar.

33. ANALFABETISMO

Oh, quanto é duro
Ser considerado burro
Quando sou inteligente,
Fracassado, menosprezado
Também sou gente.

É pior que carregar a enxada
Em vez de caneta
Enfrentar o Sol
Em vez de sombra e água fresca...

Fazer calo nas mãos
Comer arroz, feijão
Em vez de filé-mignon
O que mata é a falta de consideração
Pra esta não tem justificação.

34. CANTAR A VIDA

Eu quero cantar a vida, a vida do Criador
Canção que constrói no mundo fraternidade e amor
Não dá pra cantar a vida em meio a tanta dor
Preciso gritar por justiça pra cantar com mais ardor.

Eu quero cantar a paz, a paz do Senhor Jesus
Canção que constrói a vida que nasceu da santa cruz
Não dá pra cantar a paz em meio a quem não produz
Preciso gritar por justiça, transformar as trevas em luz.

Eu quero cantar o amor, o amor do infinito
Canção que constrói a paz no coração dos aflitos
Não dá pra cantar o amor em meio a tantos conflitos
Preciso gritar por justiça pra poder cantar bonito.

Eu quero cantar virtudes, virtudes da natureza
Canção que constrói o Reino, Reino Eterno e de beleza.
Não dá pra cantar virtudes em meio a tanta impureza
Preciso gritar por justiça pra cantar delicadeza.

Eu quero cantar vitória, vitória de salvação
Canção que constrói a glória, glória de ressurreição
Não dá pra cantar vitória em meio a tanta ilusão
Preciso gritar por justiça pra cantar libertação.

PARTE IV

DATAS COMEMORATIVAS

35. DIA DA PROFESSORA

Professora, hoje é seu dia
Quero homenagear
Com poucas e simples palavras
Que feliz vou proclamar.

Eu a respeito e admiro
Por todas as qualidades
É um ser especial
Quanta personalidade!

Admiro-a pela humildade,
Paciência, compreensão,
Bondade e alegria
Que tem no coração.

O seu bom companheirismo
A maneira de aceitar
O saber autoritário
Nas horas que precisar.

Com este seu jeito simples
Torna-se ainda mais querida
Transborda de esperança
Os jovens e as crianças
Que tanto lutam com a vida.

Professora, escada sólida
Que a muitos fez subir

Com luta e confiança
Impediu-nos de cair
Segurando de todos os lados
Com carinho e cuidado
Para nenhum desistir.

Sei que não mediu esforço
Para até aqui chegar
Como nunca há de medir
Pra poder continuar.

Só pelo fato de conhecê-la
Ao meu bom Deus agradeço
Tudo mais é bom exemplo
Eu acho que nunca esqueço.

Agradecendo a Deus
A Ele quero pedir
Que lhe dê felicidade,
Saúde, prosperidade,
Motivos pra sorrir.

Que seja recompensada,
Protegida e amada
Que sua linda caminhada
Muitos aprendam a seguir.

Pelo gesto de nobreza
Toda delicadeza
Alguém tenha a gentiliza
De um dia contribuir.

POESIAS E CANÇÕES

Por ser tão especial,
Importante, ter cultura
Eu não soube fazer nada
Que estivesse à altura
Então pensei numa rosa
E no jardim fui buscar
Para prestar homenagem
E poder lhe abraçar.

36. PROFESSOR

Hoje, 15 de outubro, Dia do Professor!
Pensado em tantos dilemas, escrevi este poema
Em sua honra, audácia, dedicação e amor!

Sei que é pouco, quase nada, perto da jornada
Longa caminhada que até aqui enfrentou!

Ser mestre em sala de aula é uma difícil tarefa
Num país onde educação aos líderes poucos interessa!

Ser professor não é apenas profissão,
Mas responsabilizar por uma nobre missão!
E como estrelas formando o Sol, nas trevas da educação!
Enriquecendo a pátria, resplandecente a nação.

Como sofre o bom professor em meios politiqueiros
Onde quem fala é o sistema e quem manda é o dinheiro!
Onde são alvos de autoridades que trazem perigo constante
Odeiam pobres em escolas, vida plena, abundante
Preferem-nos em cativeiros, cegos, surdos, ignorantes!

Professor, se eu pudesse, lá atrás voltaria
Respeitando-o melhor, dando-lhe alegrias
Valorizando seu trabalho em cada aula, todos os dias.
Professor... esteio, rocha firme, degraus de sabedoria
Que muito tem ajudado pra melhor soberania!

POESIAS E CANÇÕES

E nós, subindo pelos degraus, sentindo sua firmeza
Aumentamos a confiança, iremos chegar com certeza!

Professor... degrau, degrau, degraus que vão se formando
A escada da educação por onde vamos passando!

Altura não tem limite pra quem espera chegar
A alma que vive aflita, num coração que acredita, não pode desanimar!

Obrigado, professor, pela semente lançada
Por uns 100, 50, 30%, por outros quase nada!
Depende de cada aluno como será cultivada!

Obrigado, Deus, por esses valentes guerreiros, incríveis heróis
Sou quase analfabeto, mas sei o quanto me dói
Não ser um elo nessa corrente, somando forças com essa gente
Que um mundo real e novo constrói.

37. MAMÃE, O SONHO MAIS BELO

Mamãe, palavra mais linda
Que alguém já pode falar
Mamãe, o sonho mais belo
Que alguém já pode sonhar
Mamãe, o amor mais puro
Que temos pra nos amar.

Mamãe é um paraíso
Que não nos deixa indeciso
Basta crer e confiar
Mamãe é como canções
Que alegram os corações
Pra nunca desanimar.

Mamãe é uma corrente
A qual sinto me prender
Mamãe é uma razão
Pela qual posso viver
Mamãe é compreensão
Que me faz tudo entender.

Mamãe é encantadora,
Rainha, protetora
Por sempre nos acolher
Mamãe é paz, carinho
Melhor coisa que um filhinho
Na vida poderia ter.

POESIAS E CANÇÕES

Mamãe é a natureza
Quando está a florir
Mamãe é perfume suave
Que estamos sempre a sentir
Mamãe é algo que os filhos
Nunca deixam de pedir.

Mamãe é a esperança
Aquela que nunca cansa
De lutar e de existir
Mamãe é um laço de amor,
Abraço, riso e dor
E faz todos reunir
Mamãe merece respeito
Ela tem todo o direito
De ser feliz e sorrir.

38. MÃE

Mãe! Apenas três letrinhas é preciso
Para formar este tesouro, recanto do paraíso
Mãe! Parece pouco por fora,
Mas grande é seu interior
Não há outro na Terra capaz de tanto amor.

Mãe! Nome fácil pra ser dito
Pequeno pra ser escrito,
Mas grande pra ser meditado
Quem encontraria no mundo
Amor mais puro e profundo
Pra contigo ser comparado?

Mãe! Deus não a fez pra ser perseguida
Escravizada e excluída
Isso é símbolo de morte
E mãe é símbolo de vida.

Mãe! Nome sublime, valente
Só Deus sabe a dor que sente
Quando se encontra em aflição.
É que com tanta valentia
Ela luta noite e dia sem dar demonstração
Mãe! M autêntico e bendito
Que Deus já deixou escrito
Na palma de cada mão
Precisaria ter filmado
Os momentos pelos quais tem passado

E sempre ser recordado
Pra que toque os corações.

Mãe! Significa muito pra ser apenas falado
Teria que ser proclamado na extensão do infinito
Pra que o eco fosse repetindo.
Mãe! Mil vezes mãe! Que coro suave
Que nome nobre e lindo.

39. MAMÃE ESPERA COM FÉ

Mamãe, se eu fosse uma rosa
Queria ser perfumosa
Para o perfume espalhar
E acompanhar o vento
Em todos os seus movimentos
Pra quando chegar o momento
Que em sua casa ele entrar.

Mamãe, se eu fosse alegria
Confesso que neste dia
Em sua casa iria bater
E ao abri-la, eu entraria
E mais feliz te faria
Pra jamais se entristecer.

Mamãe, se eu fosse alimento
Queria estar ao relento
Para poder saciar
As mamães que estão nas ruas
Sofrendo grandes penúrias
Sem ter onde se abrigar.

Mamãe, se eu fosse os cadeados
Só pra fazer-lhe agrado
Eu me quebraria pra libertar
Vocês, mamães, que estão presas
Com amargura e tristeza
Por estarem longe do lar.

POESIAS E CANÇÕES

Mamãe, se eu fosse remédio
Eu queria me espalhar
A todo canto do mundo
Para as mães doentes curar
Quantas estão sofrendo
E até mesmo morrendo
Sem poder comprar?

Mamãe, se eu fosse uma escola
Iria com dedicação
Ensinar com atenção
Mães que mal podem estudar
Dar a elas instrução
E uma boa educação
Pra em qualquer repartição
Ser livre e se apresentar.

Mamãe, se eu fosse uma empresa
Iria fazer com certeza
Uma das maiores grandezas
Para o futuro da nação
Geraria mais trabalho
Para que os empresários
Pagassem justo salário
Pra nunca lhe faltar pão.

Mamãe, se eu fosse autoridade
Com Deus iríamos lutar
Pra acabar com corrupção,
Injustiça e opressão
De quem tem poder nas mãos
E nada faz pra ajudar

Derrubar os preconceitos
Igualar os direitos
Todos livres e com respeito
A paz iria reinar.

Mamãe, se hoje eu pudesse
Eu me transformaria em prece,
Em homenagem e canção
Pra acabar com sofrimentos
E todos os maus momentos
Que lhe trazem decepção.

Mamãe, mas nada disso eu sou
Tão pouco posso fazer
Tudo tenho a dizer
É pra com Deus esperar,
Pois nosso Senhor Jesus,
Com tanto poder e luz,
Também passou pela cruz
Pra poder ressuscitar.

Mamãe, veja nossa mãe Maria
Quantos momentos sofridos
Tendo o filho perseguido
Morto e numa cruz erguido
E nunca desanimou
Tão logo recompensada
Lá no céu foi coroada
Oh, que exemplo nos deixou.

Mamãe, vamos esperar com fé
Um dia, se Deus quiser,
Tudo isso vai terminar
Como aqui nada é eterno
Existem céu e inferno
Onde todos irão morar
Lá, entre esquerda e direita,
Funciona uma lei perfeita
Num tribunal de justiça
Que ninguém pode comprar.

Mamãe, é esta nossa esperança
Que nossas mães não se cansem
De com Jesus caminhar
Vivendo em fraternidade,
Exemplo e dignidade
Que uma nova humanidade
Pelas mães possam gerar.

Mamãe, a todas vocês mãezinhas
E a nossa mãe rainha
Eu quero homenagear
Vai um beijo com carinho
E um abraço apertadinho
É este o presentinho
Que hoje eu tenho pra lhe dar.

40. VIRGEM APARECIDA

Virgem Aparecida
Nossa mãe terna e querida
A mais importante, mais bela
Agraciada das virtudes
Trouxe vida em plenitude
Esperança, força e guia
De que no seu santo ventre
Germinava uma semente
Da mais sublime alegria.

Flor do campo, a mais perfumada
Que na terra foi desabrochada
Mãe de todas as raças e cores
De todos os sofredores
Rainha do céu, da terra,
Da paz, de todo o universo
Protetora dos cristãos,
Ateus, crentes, enfim
De toda gente.

Companheira de decisões,
Lugares, momentos
Força de fé nos talentos
Exemplo de vida
Pra toda a raça humana
De todas, a mais soberana.

POESIAS E CANÇÕES

Por que em Aparecida
Região pobre, sofrida
De negros, brancos, morenos
Por que se fez tão pequena?
A pobre negra morena,
Mas tão serena
Pra se igualar aos escravos?
Dando a eles esperanças
Pra manifestar o poder de Deus
Através da confiança?
Não sei, só sei que nunca me sai da lembrança.

41. MULHER

Mulher, não importa idade, profissão, se é adulta ou criança, tem que
haver esperança!

Mulher doméstica, professora, empresária, artista, secretária, agricultora,
Advogada, enfermeira, presidenta ou promotora!
Especial, religiosa, juíza ou senadora, boia-fria, artesã, modelo ou doutora!
Não importa ser empregada ou patroa, mas ser feliz, forte, batalhadora!

Mulheres de verdade, que lutam, gritam, clamando por justiça, paz e
liberdade!
Mulheres responsáveis, autênticas, humanas, sem vaidades.
Que saem da ignorância e caem na realidade!
Que não se dão a tolices, mas têm sabedoria
De discernir entre o mal e o bem, entre a mentira e a verdade!
Pra não serem enganadas, cúmplices, alienadas, diante de tanta falsidade.

Mulheres acabrunhadas, depressivas, sem abrigo, desesperadas cor-
rendo perigo!
Mulheres vítimas de exploração, desorientadas, sem direção,
Direitos, esperança, razão! Dizem existirem leis, onde será que estão?
Só somando fé e forças pra encontrar solução.

Mulher não é respeitada nem na dor, no parto, na doença.
Basta ir ao hospital e se deparar com a decadência,
Funcionários tem de sobra, falta respeito, essência,
Humanidade, amor, experiência!
Cadê os responsáveis que não tomam providências?

É difícil ser mulher trabalhadora, honrada,

Onde a disputa por trabalho é uma luta acirrada.

Onde existe machismo, preconceito, egoísmo e agressividade!

Onde o direito é calar, sem poder optar pela própria liberdade.

Mulheres, vamos construir uma nova história.

Muitas que acreditaram já alcançaram vitória!

Lembram-se das margaridas, que lutando perderam a vida por carrascos cruéis?

Mas pelo sangue regado, os grãos foram germinados e o clamor chegou aos céus!

E novas flores nasceram, se espalharam pelo mundo inteiro abrindo novo horizonte!

São mulheres que avançam, caem, choram, mas não cansam,

Lembram com esperança, que as alimentou na fonte.

Mulheres, vamos mudar, sim, de vida, mentalidade

Como convém a Deus, que mudamos de verdade.

Vamos construir a paz, a ética, a justiça, o amor

Gerando vida pra sociedade.

Mulheres, não se desanimem, não se desesperem

O dono do mundo é rei da paz, juntos somos mais.

Olhem para o alto, olhem para a frente

Ele está com a gente.

42. CRIANÇA

Criança, sonho que muitos
Trazem dentro do coração
Criança é humildade,
Prazer e recordação
Criança é a esperança
Futuro de uma nação
Criança é a própria paz
Que a muitos satisfaz
Tirando-os da solidão
Criança é simplicidade
Que junta choro e saudade
Fazendo virar canção
É passado e presente
Futuro pra muita gente
Que a educa com atenção
Pena que em muitos países
Estão morrendo as raízes
De uma boa educação.

Criança é uma flor
Que tem perfume sem fim
Enfeita uma família
Faz um lar virar jardim
Quando estão reunidas
Formam uma grande floresta
Onde dançam, pulam e cantam
Fazendo uma bela festa.

No céu Deus fez as estrelas
Completando a formosura
Na terra Ele fez criança
Pureza, paz e ternura
Que nos momentos difíceis
Derrota nossa amargura
Pois tanto azedo ou amargo
Ela transforma em doçura.

Criança, bela criança
Tesouro dos sonhos meus
Criança: encanto de amor
Que muito gosto me deu
Junto contigo vivi
Mas nunca percebi
O quanto você cresceu
Crescer é felicidade
É justa realidade,
Mas não apaga a saudade
Da infância que viveu
Por isso cresça em altura,
Mas não apague a figura
Da pureza, da doçura
Dos primeiros anos seus
Cresça também na confiança,
Amor, fé e esperança,
Mas com jeitinho de criança,
Pois isso é bênção de Deus.

43. MENOR ABANDONADO

Pobre menino de rua
Que vive perambulando
Na cidade procurando
Um cantinho pra dormir
Com fome e até doente
Tratado como indigente
Sem motivo pra sorrir
Vivendo num abandono
Como um cãozinho sem dono
Que um chuta e outro faz cair.

Menino vive sofrendo
Com seus olhinhos tão tristes
Alegria nunca existe
Neste pobre coração
Às vezes de fome chorando
Com medo vai mendigando
Um pedacinho de pão
Quão grande é seu desgosto
Muitos viram o rosto
Nem lhe dão satisfação.

Menino anda o dia inteiro
À tarde já está cansado
Fica num canto parado
Pensando o que vai fazer
Não tenho pra onde ir
Como? Onde vou dormir

POESIAS E CANÇÕES

Se à noite irá chover?
Oh, que culpa tenho eu
Se alguém a vida deu
Não pedi pra nascer.

Menino não tem ninguém
Não tem pai, mãe, nem irmãos
Se tiver, estão separados
Em outros cantos jogados
Na mesma situação
E ele vai caminhando
Onde vê outros brincando
Fica de pé no portão
Enquanto eles jogam bola
Tenho que pedir esmola
Oh, quanta ingratidão.

Menino, se reanime
Jogue a amargura de lado
No céu tem um pai bondoso
Que derruba poderoso
E eleva humilhado
Se crer em Seu poder,
Mesmo estando sem comer,
Sentir-se-á alimentado
Sim, quem mudou água em vinho
Pode mudar seu caminho
Fazendo-o um ser respeitado.

44. DEFICIENTE

Oi, deficiente amigo
O que muitos dizem castigo
Na verdade é um presente
Vejamos neste instante
Se há algo mais importante
Do que ver este semblante
Sorrindo alegremente
Vamos encontrar um jeito
De derrubar preconceitos
Para que estes sorrisos
Continuem eternamente.

Famílias que receberam esta graça,
Não façam dela uma desgraça,
Mas saibam dizer amém
Aceitem-no com ternura
Sem lhe causar amargura
Que ambos se sentirão bem
Jesus Cristo estará por perto
Sempre de braços abertos
Ajudando no que convém
E olhando para Jesus
Lembre-se de que sem a cruz
No céu não entra ninguém.

Quantas vezes nos distanciamos
Dos problemas escapamos
Que é para não sofrer

Assim estamos doentes
Somos nós deficientes
Temos que reconhecer
Vamos curar nossas mãos
Acariciando esses irmãos
Que mais felizes vão viver
Se temos olhos pra ver
E ouvidos para ouvir,
Coração é pra sentir
E não apenas pra bater.

E do que adianta correr
Procurando só viver
Na danada da luxúria?
Esta será queimada
Em cinza transformada
Só vai restar amargura
Simplicidade e pureza
Vão se tornar a grandeza
No jardim das criaturas
Por Deus serão elevadas
Com anjos e badaladas lá para o céu, nas alturas.

45. VOCAÇÃO

Vocação é um convite
Só deixa alguém triste
Quando não sabe aceitar
Vocação é um chamado
Só deixa alguém de lado
Quando não sabe escutar.

Vocação é uma graça
Só causa alguma desgraça
Se tiver correspondência
Vocação é um aviso
Só deixa alguém indeciso
Quando não busca a ciência.

Vocação é um presente
Só deixa alguém descontente
Quando não sabe agradecer
Vocação é um dom
É sua a decisão
Não deixe de responder.

46. MORTE

Morte, quem és tu?
O que desejas?
De onde vens?
Pra onde vais?

Eu sou uma porta de passagem
Não foi Deus quem me criou
Ele apenas me sugeriu
Quando o homem pecou.

Estava este perdido
Não tinha mais salvação
Desfez os planos de Deus
E eu fui a solução.

Muitos têm medo de mim
Dizem até que sou ruim
Eu não sou tão má assim
Conhecem bem minha história
Eu sou a terna lembrança
Dos que vivem na esperança
De um dia alcançar a glória.

47. CRISMA

Hoje, recebi Crisma
Confirmação do batismo
Fui ungido e renovado
No divino Santo Espírito
Estou feliz, em paz
O amor do Pai me refaz
No Seu poder infinito.

Mas um crismado o que é?
Sou um soldado de Cristo
Defenderei a igreja
Lutarei pela defesa
E pelos direitos da fé
Assumindo este compromisso
Pretendo ser submisso
Fazer do Reino um jardim
Que ao ir desabrochando
O perfume vá se espalhando
E nunca possa ter fim.

Que a beleza das flores
Na harmonia das cores
Toque em cada coração
E que o sonho profundo
De transformar este mundo
Não seja só ilusão.

Mas a plena realidade
Que venha a nascer de verdade
Em cada ser um cristão
Parece algo impossível,
Mas o milagre acontece
Onde Deus puser as mãos.

48. NATAL

São chegados os três reis
Que vieram do Oriente
Visitar o menino Deus
Vindo de um Deus onipotente.

Vindo de um Deus onipotente
Coberto com seu santo manto
Foi nascido Deus menino
Por obra do Espírito Santo.

Por obra do Espírito Santo
Na terra dos judeus
Pra salvar a humanidade
O menino Deus nasceu.

Disse um anjo aos pastores
Cristo nasceu em Belém
Nasceu no alto da glória
Para todo o nosso bem.

Nasceu no alto da glória
Antes de o galo cantar
Para todo o nosso bem
Gente, vamos adorar.

Os três reis foram avisados
Por um sonho divino
Que à meia-noite em ponto
Nasceu o Deus menino.

Passaram horas da noite
Naquela meditação
Como haver de viajar
Sem saber da direção?

Entre eles combinaram
O qual será melhor
Uns levam mirra, incenso
Outro levar ouro em pó.

Saíram a caminhar
Sem saber para que lado
Apareceu uma estrela
Por ela foram guiados.

Encontraram com Herodes
O qual ficou perturbado
Em saber que outro rei
Nascia no seu estado.

Os magos foram andando
A estrela era seu guia
Logo eles encontraram
Jesus, José e Maria.

No meio dos animais
Num lugar bem pobrezinho
Ali estava o menino
Dentro de um simples coxinho.

Chegaram e se ajoelharam
Adorando o Salvador
Oferecendo os presentes
Em honra, graças e louvor.

49. MÃE PEREGRINA

Oh, mãe peregrina, rainha e senhora
Olhe por seu povo que sofre e que chora
Reconstrua os lares que o mal devora
Esmague a serpente e mande-a embora
E traga Jesus pra que o bem revigore.

Oh, mãe peregrina, estrela-guia
Conduza a igreja, abençoe as famílias
Interceda a Deus para que nos esvazie
Dos vícios, impulsos, mal e fantasias
Para que as virtudes em nós façam moradia.

Oh, mãe peregrina, mulher em missão
Vem e nos ensina a abrir o coração
Escutar seu filho com mais atenção
E obedecer-lhe pra ter solução
Pra não chorar mais tarde a dor da ilusão.

Oh, mãe peregrina, mistério da luz
Simples criatura que a muitos seduz
Sofreu o martírio, suportou a cruz
Mas reconcilia o mundo e conduz
Para o reino celeste onde está Jesus.

Oh, mãe peregrina, raios de esplendor
Nossa gratidão, carinho e amor
Nós lhe ofertamos um jardim em flor
E a coroamos com todo o fervor
É o presente maior que nos deu o Senhor

50. ENFERMEIROS

Profissão que exige dom
É zelar pelos doentes
Muitos vão para hospitais
Deprimidos, carentes,
Mas o Pai conhece todos
E em tudo está presente
Preparou bons corações
Selecionando sementes.

São os irmãos enfermeiros
Que não só falam, mas fazem
Sabe que a missão é grande
E preciosa demais
Se não tiver fidelidade
Realizar não é capaz
Mas com carinho e justiça
Constrói e partilha a paz.

Quantos deixam o lar
Ainda de madrugada
Arriscando a própria vida
Indo a pé pelas calçadas
Enfrentando chuva, frio
Às vezes longa caminhada
Preocupados apressam o passo
Pra chegarem na hora marcada.

São como samaritanos
Fazem o que preciso for
Pra tratar bem os enfermos
Não medem esforço e suor
Alegram-se ao vê-los felizes
E choram com eles na dor
Como que de pai pra filhos
Sentem ternura e amor.

Enfermeiro e enfermeira,
Hoje o país lhes abraça,
Agradece e se desculpa
Por tardar a erguer sua taça
Pedimos que lá do céu
O Pai inunde-os de graça
Somente nEle apoiados
Pra servir com tanta raça.

51. PAPAI

Papai, querido papai,
Onde possas estar
Na passagem deste dia quero o homenagear.

Papai, seja como for, merece nossa atenção
Novo, médio ou idoso, manso, feliz ou nervoso
Exige compreensão.

Pelas vezes que teimamos, seus conselhos não escutamos
Papai, pedimos perdão.

Papai, querido papai, tesouro dos sonhos meus
Papai, eu lhe agradeço pela atenção que me deu
Mas para me ver crescido, papai, estou convencido do quanto você sofreu!
Cansado de trabalhar, lutando sem reclamar, derramando suor seu.

Papai, estou crescido, espero recompensar
Com a mesma intensidade, respeito e honestidade
Um dia pode me dar
Alegrias, momento, estudo, alimento, uma família, um lar.

Papai que se sacrificou pra ter os filhos criados
Quantos, porque estudaram, fazem dele um trouxa quadrado
Dizem que é fora de moda, que sua voz incomoda
Fazendo-o ficar calado
E vão abusando da liberdade, farras, brigas, vaidade, deixando-o
envergonhado.

Papai que dorme na rua, passa fome, frio, dor.
Papai que está no asilo, chora o desprezo do filho
Que não sabe o que é amor
Papai preso injustamente, talvez morrendo inocente
Sem provar o seu valor!
Papai que vive a chorar, por não poder transformar este mundo enganador.

Mas papai. não fique triste, nem chore amargurado
No céu tem uma família que está do seu lado
Dependendo de sua crença, tudo transforma em bênção, a ser purificado
E de Deus tem um aviso, que pranto transforma em riso
E será recompensado.

52. TETRA

Quero homenagear
Os craques da Seleção
Que com esperança e raça
Tomaram uma decisão
Foram pros Estados Unidos
Pra serem tetracampeões
Pro sonho se realizar
Não demorou muito, não
Foi o time entrar em campo
E soltar a bola no chão.
Fizeram uma corrente
Com respeito e orações
Prenderam a bola em seus pés
E dela se tornaram patrões.

Romário, mesmo baixinho,
O melhor dos atacantes
Com Bebeto e Zinho
Criou jogada importante, Leonardo,
Branco e Jorginho
Que laterais mais brilhantes
Dunga e Raí meios de campo
Lançadores, comandantes
Tanto Mazinho ou Viola
Eram muito emocionantes
Parreira e a comissão
Mandavam a linha ir avante
Confiavam na defesa,
Pois era um trio de gigantes.

Taffarel não foi melhor
Ouço alguém discutir
Mas a culpa não foi dele
Foi mesmo de Odair
Marcio Santos e Mauro Silva
Que ficavam a insistir
Matando toda a jogada
Que chegava por ali
Pra ele pouco sobrando
O melhor era assistir
Mandar os outros jogar
E a torcida aplaudir
Mas mostrou suas qualidades
Defendeu penalidade
Pôs o país pra sorrir.

E os que ficaram de fora
Sem poder mostrar sua raça
Com vontade de brilhar
Pra torcida em grande massa
Não leve a mal o Parreira
Ele não fez por pirraça
Torcedor que não gostou
Esqueça, isso logo passa
Importante é estarem unidos
E juntos erguerem a taça
Mostrarem ao primeiro mundo
Que do Brasil não se desfaça
Somos tetracampeões
Ninguém nos tira esta graça.

53. PENTA

Alô, Brasil! Alô, Japão!
Alô, torcida e seleção!
Primeiro e segundo mundo
Que dominam a nação
No campo do futebol
Quem domina é o Felipão
Investiu num humilhado
Venceu o vangloriado
E saiu pentacampeão.

Estava em crise nos comentários
Em decadência nossos canários
A verdade aparece
Sempre dentro de um cenário
Foram convencendo todos
Mudando o calendário
Vencendo todas as partidas
E assistindo à despedida
Dos famosos adversários.

Cada partida uma vitória
Conquista fama, aumenta a glória
É a copa do milênio
Enriquecendo nossa história
Disseram que o Brasil
Não era o time da hora
Respondemos "nos aguenta
Viemos buscar o penta
E sem ele não vamos embora".

Conversa e fama não diz jogar
Bola a ser gol tem que marcar
A Seleção brasileira
Marcou em todo placar
Quantas manias e jogadas
Pra tentar nos assustar
Apresentamos o zap
Gritamos o xeque-mate
Saímos pra festejar.

Sorrir primeiro dizem que é bom
Sorrir por último, mais alegria
O mundo inteiro esperava
Com tamanha alforria
No Japão e na Coreia
Quanta cor em harmonia
Entre as que mais se destacavam
As vermelhinhas choravam
E as amarelinhas sorriam.

Saímos penta, quanta emoção
Cinco estrelas brilharão
Obrigado, Luiz Felipe
Jogadores e comissão
Agradecemos a Deus
Pela paz e proteção
A rainha e mãe Maria
Mais que estrela, brilha e guia
É uma constelação.

54. INFÂNCIA E ADOLESCÊNCIA MISSIONÁRIA

Somos a infância e adolescência missionária
Uma obra pontífice em missão
Espalhada nos cinco continentes
Levando amor e anunciando a salvação
Sinal de paz e gotas de esperança
Clamando com as crianças por plena libertação
E pra quem acha que o mundo não tem mais jeito
Mostramos a cruz no peito e Jesus no coração.

Vamos, missionário, tem que ser agora
As famílias sofrem, as crianças choram;
Vamos construir o reino e resgatar a cidadania
Com a moeda no cofrinho, rezando uma Ave-Maria
Parece pouco, para Deus não tem quantia
O milagre acontece onde existe a partilha.

Unidos estamos a contemplar o verde da África,
O amarelo da Ásia, o azul do Oceania,
O branco da Europa e o vermelho das Américas.
Unindo forças com Jesus e com Maria
Somos canteiros de criança e adolescente
Distribuindo semente de consolo e de alegria
Partilhando o que temos e o que somos
Realizando muitos sonhos que eram apenas fantasia.

Jesus disse: o meu reino é das crianças
Não impeçais, eu quero as abençoar
São estrelinhas brilhando no firmamento

Que a injustiça está querendo apagar
Nós, missionários, estamos juntos num só grito
Pra que Deus com o Santo Espírito faça a chama reavivar
Nosso horizonte não tem fim, não tem barreira
Nós vamos além-fronteiras para evangelizar.

Agraciados no amor aos pequeninos
Como o Pai que nos amou por primeiro
Seguindo os passos de Francisco e Terezinha
Que deram a vida por um amor verdadeiro
Acreditamos com fé e convicção
Abraçamos a missão com os santos padroeiros
E lá se foram adolescentes e crianças
Levar paz em abundância a países do mundo inteiro.

PARTE V
TEMAS DIVERSOS

55. GRANDE MISSÃO

Irmãos enfermeira e enfermeiro, que no mundo inteiro reduz a sofrimento
Com ternura e dedicação abriram o coração expondo seus talentos
Com carinho estenderam as mãos partilhando seus dons sem ter ressentimento
Não olharam as pedras do caminho, buracos, espinhos ou se era contra o vento.

Seus olhares, como que maternos, aquecem o inverno com calor humano
Com força, fé e doces lembranças transmitem esperança aos que estão chorando
Sempre atentos, arriscando a sorte de assistir na morte aos que Deus está chamando
É uma bênção em cada hospital, combatendo o mal pro bem ir prosperando.

Caro amigo enfermeiro fiel, pedacinho do céu, pra muitos corações
Acredito que não mediram espaços, angústia, cansaço, dor e solidão
Quantas noites passaram acordados mantendo o cuidado com a vida do irmão
Sem prestígio, sem vez e sem voz, realizando a sós uma grande missão.

Quantos deles a pé nas avenidas arriscam a vida se preciso for
Reconheço, já era sem tempo mostrar seu talento e provar seu valor
A você um abraço apertado e muito obrigado por tão grande amor
Desejamos mil felicidades e pela caridade a paz do Senhor.

56. LIBERDADE, LIBERDADE

Liberdade, liberdade
Sonho de todo ser humano
Mas que por seu próprio engano
Não fez como merecer
Pensando em ser poderosos
Ficaram ambiciosos
E vieram-na perder
Talvez outros perseguindo
Massacrando, oprimindo
Pra poder enriquecer
Tirando deles a liberdade
Que lhes dava de verdade
O direito de viver
Hoje têm muito dinheiro
Mas vivem no desespero,
Pois quem planta há de colher
Não conseguem ter paz
Sem antes voltar atrás
E à mesma os devolver.

Liberdade, liberdade
Tão pouco valorizada
É! Tudo que se planta colhe
E por ser pouco plantada
Não pode muito brotar
Muitos pensam na colheita
Esquecem que pra ser feita
Primeiro tem que plantar
Sabemos que nosso Jesus

POESIAS E CANÇÕES

Sofreu e morreu na cruz
Pra liberdade espalhar
Mas, por ser pouco cultivada,
Tão logo foi sufocada
E não pode multiplicar
Só justiça e fraternidade
Faz com que a liberdade
Entre nós venha morar
Já pensou que alegria
Que felicidade seria
Se viesse a realizar?

Liberdade, liberdade
Nosso consolo e riqueza
Às vezes há incerteza
De aqui a conseguir
Mas Deus é nossa esperança
NEle estando a confiança
Sem dúvida iremos sentir
Não ficamos acomodados
De pernas e braços cruzados
Temos muito que insistir
Vamos olhar para o irmão
Que vive na escravidão
Sem forças pra progredir
Vamos ser inteligentes
Lutando por esta gente
Para que possam sorrir
Pois pra jardim sem perfume
E campo sem vagalume
Flor não precisa se abrir.

57. AVANÇO TECNOLÓGICO

Aprender é fascinante
Em todo tempo e lugar
Se algo de interessante
Desejamos conquistar.

Pela tecnologia
Podemos nos informar
Destacar fórmulas antigas
E nas novas nos atualizar.

Mas cuidado!
Prudência, atenção
Se tirar os pés do chão
Não tem asas pra voar.

Existem empresas, países
Formando organizações
Criam ambiente, fronteira
Sem chance de competição.

O ser humano vai à loucura
Por acesso à informação
Mas pra ser bem-sucedido
Tem que ter educação.
As crianças sonham
Com um mundo melhor
Os jovens buscam um ideal
Mas, na verdade, a educação

É um fracasso total.
Como encontrar esperanças
Diante de tão grande mal.

Agora existe internet
Instrumento de conhecimento
Transforma o profissional
Faz dele um grande talento
Quem entra com toda a garra
É o cidadão do momento.

Mas são as máquinas, robôs
Portanto, sem sentimento
Feitos de matéria-prima
Que jamais gera alimento
Os que lá não têm acesso
Bebem chuva, comem vento?

O avanço tecnológico
Pensando na economia
Causou tamanha exclusão
Em nossa cidadania.

Transformou centros urbanos
Em grandes novas cidades
Onde miséria e analfabetismo
Tornaram-se realidade.

E a queda das famílias
Quanta desestruturação
São tantas as dificuldades
Que não suportando a situação

Caçaram felicidade
Na triste separação.

Muitos filhos pagam o pato
De pais cruéis, ingratos
Que por um mundo insensato
Desistiram da missão.

A tecnologia, claro, é importante
Mas e o homem, não é nada
Pra que por ela seja engolido?
Ela está em alta fama
Ele por ela falido.

Pobre homem criou tanto
E está sendo destruído
Não consegue acompanhar o processo
Por ele mesmo desenvolvido.

58. LIBERDADE

Liberdade é um presente
Que Jesus veio trazer
Que poucos compreenderam
Fazendo por merecer.

Jesus se entregou à morte
Pra liberdade reinar
E nós, hoje, o que fazemos
Pra ela continuar?

Alguns pensam que ser livre
É muito dinheiro ter
Logo ficam perturbados
Viram escravos do poder.

De dia quase não comem
Pensando muito em negócios
À noite perdem o sono
Desconfiando do sócio.

E depois quer liberdade
Vendo-se livre do irmão
Que às vezes bate à porta
Mendigando do seu pão.

Pensando que liberdade
É ter dinheiro pra dar
Enquanto na verdade
É um coração pra doar.

Muitos pobres querem ser livres,
Mas desistem de lutar
Pensando que liberdade
É viver sem trabalhar.

Outros pensam que ser livre
É ter um governo bom
Pra este mudam mil governos
E nunca tem solução.

Jovens, para se sentirem livres,
Esbanjam no divertir
Abusando ficam escravos
Sem poder desta sair.

Viciados, orgulhosos
Pra não reparar seu mal
Afogam-se em drogas, bebidas
Virando escravo total.

Estudantes, pra serem livres,
Matam aulas, mentem aos pais
Descobertos os prendem em casa
Não deixando sair mais.

Políticos que mentem muito
Compram o povo nas conversas
Mesmo eleitos não são livres,
Mas escravos das promessas.

Muitos pra ter liberdade
A fé insistem em matar

Fabricam deuses, igrejas
Vivem de papo para o ar.

Dizem que a verdade é mentira
E com a maior cara de pau
Que vivem livres e estão salvos,
Mas como fabricam mal.

Outros dizem ser escravos
Do mal que alguém praticou
São escravos de si mesmos
De uma fé que não brotou.

Quantos pensam que ser livre
É viver de exploração
Se puder roubam até Deus
E ainda se dizem cristãos.

Famílias que, pra ser livres,
Levam os pais pro asilo
Não temem ofender a Deus
Pelo que vêm fazer os filhos.

Filhos que, para serem livres,
Saem pro mundo, deixam o lar
O mundo é uma escola
Um dia ele irá voltar.

Governo que faz cadeia
Pra ser livre de ladrão,
Mas só comete injustiça,
Trambiques, escravidão.

Sim, os ladrões estão livres
Na máfia e no poder
E muitos inocentes presos
Sem terem como se defender.

Alguns buscam liberdade
Mantendo as aparências
Vão morrer secos e duros
Vivendo nesta doença.

Enquanto assim agirmos
É grande a decepção
Tem que mudar de atitude.
Quem querer libertação.

Sim, Deus fez o homem livre,
Mas com uma condição
Que com bondade e justiça
Respeitasse seu irmão.

Ser livre é matar acesso
De palavras indecentes
Fecundar silêncio estéril
Reconstruindo a mente.

Ter liberdade é sentir
Que nada fez de errado
E se fez, reconhecer
Pra poder ser libertado.
A liberdade caminha
Sempre ao lado da justiça

POESIAS E CANÇÕES

Anunciando e denunciando
É que a gente conquista.

Só existe um caminho
Pra ganhar a liberdade
É abraçar com carinho
A cruz da dignidade.

Se achamos que liberdade
É fazer o que queremos,
Estamos muitos enganados
E nunca a encontraremos.

Muitas vezes há engano
No jogo da liberdade
Que apresenta dois caminhos
Pra mentira e pra verdade.

Verdade parece amarga
Mas traz sempre liberdade
Mentira é suave, doce,
Mas mata a paz da verdade.

A verdadeira liberdade
Pra encontrar tem um preço
Pra quem quiser procurar
Vou dar nome e endereço.

O nome é Jesus Cristo
O grande libertador
Endereço é a Bíblia,
Obediência, ação e amor.

59. JERUSALÉM CELESTE

Vejo novo céu se abrindo e a nova Jerusalém

Sinto o Pai me abençoando e Jesus me convidando para conhecer o além.

Sinto os santos me acolhendo, abraçando e protegendo e os anjos dizendo amém.

Eu vejo nossa senhora, com a coroa de glória, coroando-me também.

Com a coroa de justiça, que aqui eu pratiquei.

Com a coroa da paz, que aqui eu conquistei.

Com a coroa do amor, do amor que semeei.

Com a coroa da verdade, que mesmo em dificuldades prova nunca neguei.

Quantas vezes ameaçando ter que ficar calado, confesso nunca calei.

E até sendo subordinado para passar do outro lado, mas forte e firme fiquei.

A coroa do prazer é somente enganação.

Coroa da fantasia traz muita decepção.

Coroa da aparência é só doce ilusão.

São coroas de vaidade que, além de causar maldade, entristecem o coração.

É a coroa do engano que conduz o ser humano à cruel condenação.

Jogo fora e agradeço, percebi que era um tropeço no caminho da salvação.

60. AYRTON SENNA

Quanto o Brasil ganhava
No dia em que aqui nasceu
Com que brilho esta estrela
Nas pistas resplandeceu!
Quantos momentos felizes
Quanta alegria nos deu!
Mas quanta dor, quanta angústia
Trouxe-nos o destino seu.
Quanta tristeza e lágrimas
Quando tudo aconteceu
Quão grande era a esperança
Que cedo o país perdeu
Maior mesmo é a saudade
Que nos deixou o adeus.

61. CANÇÃO NOVA

Conheça a canção nova
Viva uma nova canção
É uma chuva de graça
E benção pro coração.

É fonte que gera vida
Construindo um mundo novo
Como a rocha no deserto
Matando a sede do povo.

É um novo horizonte
Uma exuberante videira
Que produz frutos saudáveis
Espalhando sementeira.

É um consolo para os aflitos
Esperança para os desesperados
Conforto para as mentes
E os corações atribulados.

É a arca de Noé
Feita para libertar
Aqueles que não pretendem
No dilúvio se afogar.

É a lâmpada para os pés
Luz nas encruzilhadas
Invista de corpo e alma
Não tenha medo de nada.

É um imenso jardim
Uma enorme floresta
O infinito sem fim
Onde o amor vive em festa.

Era o sonho do padre Jonas
E dos irmãos de comunidade
Que com esperança e luta
Tornaram realidade.

Ela nasceu de obediência
E humildade do fundador
Com certeza já existia
Nos planos do Criador.

O Senhor já planejava
Aguardando o momento
Em que no silêncio profundo
Alguém estivesse atento.

E ao ouvir seu recado
Explodisse por dentro
E o que era só mistério
Chegasse ao conhecimento.

Aí surgiu o padre Jonas
Fenômeno do atrevimento
Campeão em ousadia,
Virtudes, dons e talentos.

Foi preparando a massa
Colocando fermento
Sem medo de ser feliz
Pôs a obra em movimento.

Obrigado, Deus Pai Santo
Padre Jonas, monsenhor,
Sacerdotes, religiosos,
Conselho administrador.

Obrigado, equipe de cânticos,
Liturgia, intercessor
A todos que se apresentam
E aos que não vêm se expor.

Obrigado, sócio amigo
Principal evangelizador
Parabéns pelo desapego
E mérito de pregador.

Obrigado, cação nova
Por ser membro dessa família
Espírito Santo e os anjos
Que nos guardam noite e dia.

Obrigado, Jesus Cristo
Santos e santas do céu
Em especial, Maria
Que nos cobre com seu véu.

62. AMOR

Amor é algo divino
Que nos enche de alegria
Sem amor tudo é escuro
A alma é triste e vazia.

O amor é infinito
E nos leva a contemplar
O brilho das estrelas,
A noite de luar.

O amor é plantar flores
E aguardar o perfume
É plena confiança
Que mata todo ciúme.

Amor é respeitar vida
Viver em fraternidade
Colaborar com a justiça
E praticar a caridade.

Amor é saber parar
Pensar, falar e agir
Usando a inteligência
Para o Reino construir.

Amor é em silêncio
Agradecer de coração
Buscando força do alto
Pra livrar da tentação.

Amor é doação
Que derrota o egoísmo
Esperança, caminho
Pra sair do comodismo.

Amor é o filho de Deus
Fonte de libertação
Que realiza em nós a vida
Acabando a frustação.

Por amor Deus veio ao mundo
Na pessoa de Jesus
Por amor este inocente
Foi pregado numa cruz.

Pena que tão grande amor
Não pode edificar
A vida plena e feliz
Que muitos vivem a sonhar.

Dizem que o amor é cego
E que traz decepção
Que muitos por causa dele
Estão vivendo a solidão.

Isso é mentira, tolice
Inútil conversação
O verdadeiro é eterno
E consiste no perdão.

Tudo alguém pode ter
Fama, dinheiro, poder
Se não tiver amor
É o mesmo que nada ter.

Temos que nos livrar dos vícios
Que são fruto do tentador
Dar espaço à paz de Cristo
Que é fruto do amor.

63. AMIZADE

Amizades, quantas tive,
Mas quantas deixei de ter
E uma nunca é a outra,
Por isso vivo a sofrer.

Foram tantas amizades
Que na vida conquistei,
Mas que partiram pra longe
E eu sozinha fiquei.

Amizade nunca é demais
Lute, conquiste bastante
Umas, vão, outras vêm
Parte levando saudades
Deixam saudades também.
E no calor de um abraço
Que os anjos digam amém.

Amizade é maravilhosa
Faz sorrir, faz cantar
Em horas de despedidas
Muitas vezes faz chorar.

Amizade causa paz,
Segurança, ternura
Às vezes desavenças,
Ingratidão, amargura
Mas o que seria a vida
Sem essas aventuras.

Uma sincera amizade
Mostra-nos o bem e o mal
Tira-nos do pesadelo
Mostrando a vida real
Liberta-nos do desânimo
Levantando baixo-astral.

Ah, como é bom
Ter um amigo fiel
Quem encontrou descobriu
Um pedacinho do céu.

Pena que toda virtude
Só se prova na verdade
Quando mais nós precisamos
Lá se foi nossa amizade.

Foi assim com Jesus Cristo
Diante da humanidade
Alimentou os famintos
Curou as enfermidades
Deu a vida pelos seus
E morreu só na saudade.

Imagine a dor de um rei
Por tamanha ingratidão
Ser condenado inocente
Pra deixar livre um ladrão
Chicotes, cravos e lanças
Levaram Jesus à morte
Descrença, desprezo e traição
Foi o que doeu mais forte.

Precisamos ser fiéis
Amar com sinceridade
Pra não carregar o peso
Da traição da falsidade
Chorar a perda de um amigo
Quando já for muito tarde.

POESIAS E CANÇÕES

64. QUE BOM SERIA

Que bom seria
Se não tivesse mendigo
Dormindo pelas calçadas
Correndo grandes perigos.

Que bom seria
Se não tivesse boia-fria
Descalço, mãos calejadas
E de barriga vazia.

Que bom seria
Se não tivesse ladrão
Se cadeia se transformasse
Em casa de oração.

Que bom seria
Se não tivesse empregado
Ganhando uma mixaria
E sendo escravizado.

Que bom seria
Se não tivesse patrão
Que pra ter muito ou mais
Vive sugando o irmão.

Que bom seria
Se não tivesse divórcio
Causando mágoa em menores
Fazendo-os pedra em consórcio.

Que bom seria
Se não tivesse aborto
Matando vidas indefesas
Pra dar outros confortos.

Que bom seria
Se em toda escola do mundo
Educação e progresso
Fossem algo mais profundo.

Que bom seria
Se garimpos ilegais
Fossem substituídos
Por ervas medicinais.

Que bom seria
Se o pobre agricultor
Não vivesse na miséria
Pra enriquecer doutor.

Que bom seria
Se todos, como criança
Tivessem o coração puro
Para brotar esperança.

Que bom seria
Se fábrica de religião
Fosse laço de unidade
Pra converter os pagãos.

Que bom seria
Se a mentira terminasse
E a paz da verdade
Este lugar ocupasse.

Que bom seria
Sem tanta inseticida
Destruindo o planeta
E exterminando a vida.

Que bom seria
Se a tal bomba nuclear
Fosse substituída
Pelo abraço da paz.

Que bom seria
Sem tanta corrupção
Destruindo o país
E envergonhando a nação.

Que bom seria
Se não tivesse excluído
Se todos vissem Jesus
Em cada rosto sofrido.

Que bom seria
Sem tantos preconceitos
Se todos por serem irmãos
Tivessem o mesmo direito.

Que bom seria
Crendo num Deus verdadeiro
Se o Deus de muita gente
Não fosse fama e dinheiro.

Que bom seria, Senhor
Se todos em ti confiassem
Pra que Seus planos de amor
Na terra se realizassem
Sem dúvida a alegria
Brilharia a cada face.

65. EXCEPCIONAL

Tudo aqui é tão normal
Havendo compreensão
Ninguém nasceu igual
Mas todos têm coração
Isso que é importante
Seja pequeno ou gigante
Todos têm sua função.

Coração que pulsa forte
Que está sempre a esperar
No sorriso do irmão
Para que possa alegrar
Não negues este direito
A quem merece respeito
Ser feliz e festejar.

Se vocês existem
Claro, motivo tem
Não posso saber quais são
Nem de onde vêm
Cabe a toda a sociedade
Usar de fraternidade,
Justiça, bondade
Pra que possa se sentir bem.

Eu não consigo entender
Por mais que fico a pensar
Seja o que for

Não posso julgar
Não nasci só pra saber
Mas pra servir e amar.

Vocês são importantes
Vocês são importantes,
Meigos, especiais
Segundo seus semblantes
São portadores da paz
Muitos acham-se perfeitos
Julgam-se nesse direito
Mas de encontrar não são capazes.

Muitos da sociedade
Não conseguem compreender
Que gestos puros e nobres
Estão na simplicidade do ser
Não nas grandes aventuras
Onde procuram ver.

Quem sabe um dia param
E possam reconhecer
Que a maior deficiência
É a falta de consciência
Que causa tanto sofrer.

Vocês em diversas formas
Compõem um belo jardim
Cravos, dálias, lírios, rosas,
Violetas e jasmins
Vosso perfume é suave
Como o voar de uma ave
No infinito sem fim.

Quem sabe o beija-flor
Vem aqui fazer seu ninho
Dando exemplo de amor,
Ternura, afeto e carinho
Movendo os corações
Mudando crítica em canções
Preconceitos em boas ações
Pra todos viverem juntinhos.

66. CORRE, CORRE

Todos correm
Não se sabe pra onde
Nem por que
O importante é correr.

O ser humano corre
O pensamento voa,
Mas não encontra nada
Nem chega a lugar nenhum.

Corre sem saber
O que busca
E o que deseja
Falta tempo
A vida é uma correria
Todos têm pressa
Não podem parar
Correm tanto
Que não têm tempo
De sair do lugar.

Sim: corre, cai, se arrasta
Sobe, desce, se levanta
E torna a cair
Sem sair da rotina
Angústia, talvez, da pobreza
De não conseguir
Correr da tristeza

Para a alegria
Do ódio para o amor
Da escravidão
Para a liberdade
Só sei que todo correr
É pra tal felicidade.

É fácil encontrar
A dificuldade é parar
Como posso achar algo
Se ainda não me encontrei?
Quanta ilusão
Por falta de me conhecer.

67. VIVER É MARAVILHOSO

Maravilhoso é usar a imaginação
Não para criar religião,
Mas para tornar-se cristão
Obedecer ao silêncio
Descobrir a vocação
De mãos dadas com a justiça
Caminhar em direção
Da harmonia e da paz
Testemunhando sua conversão
Enriquecendo a alma
E alegrando o coração.

Maravilhoso é ver o Sol resplandecer
Clareando toda a terra
Tão logo o amanhecer
Aquecendo, dando vida
Para as plantas reviverem
Iluminando bons e maus
Que nada fazem por merecer,
Mas que também são amados
Mesmo sem reconhecer
Infeliz quem corre muito
E não para pra perceber.

Maravilhoso é saber compartilhar
Pra que uns não passem falta
E outros possam se esbanjar
Dormir de portas abertas

Tranquilamente sonhar
Ir até a praça cedinho
Ouvir o sino tocar
Participar da santa missa
Sem com nada se preocupar
Assumir a missão
E feliz realizar.

Maravilhoso é olhar para o alto
Avistar o infinito
Ver Jesus nos acenando
E de alegria dar gritos
Ver que lá tudo é belo
Que não há nada mais bonito
Sentir que esta vida passa
Como um curto-circuito
Mas que algo eterno existe
Nos confirma o Santo Espírito.

68. COMO REVELAR?

Por onde andam os mistérios do segredo
Devem andar os segredos do mistério
Que estranhas devem ser suas revelações
Ou minha capacidade de compreender?
Ah, que guardem só para eles.

69. RELIGIÃO

Pra que tantas igrejas, religiões, pra poucos cristãos?
Pra que tantas igrejas, religiões, se muitos preferem pagãos?
Pra que tantas igrejas, religiões, pra aumentar a desunião?
Pra que tantas igrejas, religiões, pra meio de vida ilusão?
Existe apenas um Deus, pra que tanta divisão?
A fé está em balanço mediante a exploração.

70. MATRIMÔNIO

No horizonte de suas vidas
Em busca do mesmo ideal
No silêncio da caminhada
Nos passos das encruzilhadas
Chegaram a um ponto final
Encontraram-se e se conheceram
E descobriram o amor
Que desabrochou como uma flor
Unindo-os em laço matrimonial
O amor não é sentimento
Paixão que se vai com vento
E sim doação total.

Ouvindo de Deus um chamado
Pensando com respeito
O convite foi aceito
Com grande dedicação
Hoje com estes sorrisos sem fim
Decidiram dar seu sim
Perante Deus e os irmãos
Que este sim a cada dia
Cultivem a harmonia
Que tenham nos corações
Que não fique só na lembrança,
Mas seja a certeza, a esperança
De grandes realizações.

Que as graças e bênçãos,
Esta herança que levam do altar,
Venham a ser correspondidas
No decorrer de suas vidas
Para se multiplicar
Que a palavra de Deus seja luz
Na estrada de Jesus
Por onde irão caminhar
Que a santa Eucaristia
Sustente-os no dia a dia
Pra nunca desanimar
Os filhos que Deus lhes der
Aceitem, eduquem na fé
Pra que a paz possa reinar.

Matrimônio não é mar de rosas,
Mas uma roseira
Não deixe que os espinhos
Matem o afeto, o carinho
E o perfume da flor
Se houver desentendimento
Busquem perdão, arrependimento
Algo reconciliador
Se caírem em pranto
Invoquem o Espírito Santo
O grande consolador
Lembrem-se: a maior felicidade
É vencer as dificuldades
E persistir no amor.

71. JOVEM

Seja um jovem no mundo
Não seja um jovem mundano
Abrace a causa do Reino
Pela qual tô te chamando.

Eu te fiz a minha imagem
E pra você tenho plano
Sou amigo, fiel e justo
Pai bondoso, soberano.

Dotei-te de inteligência
Pra não viver no engano
Dei-te plena liberdade
Não fique se escravizando.

Eu sou o dono do mundo
Por que tá me desprezando?
Se não te encanta com as graças,
Os vícios vão te encantando.

Pise logo no inimigo
Antes que vá te pisando
Não se faça de trouxa dele
Pra não viver se arrastando.

Ele é astuto, covarde
Na lama vai te jogando
Se não foge enquanto é tempo,
Vivo vai te sepultando.

POESIAS E CANÇÕES

Quem avisa amigo é,
Por isso estou lhe avisando
Se der lado pro encardido
Mais sujo tu vais ficando.

Siga meus passos de mestre
Eu estou te convidando
Você precisa de mim
De ti estou precisando.

Lembre que Pedro, nas águas,
Ao me olhar foi andando,
Mas quando olhou pra baixo
Logo foi se afundando.

Jovens, olhem para o alto
Eu já estou preparando
Novo tempo e horizonte
Já estão se iniciando.

Vocês são a força vital
Maior entre o ser humano
Vamos transformar este mundo
Injusto, ingrato e tirano.

72. VIDA DESERTA

Vivo longe, vivo além
Não consigo ver ninguém
Vivo no alto, no baixo
Num mundo de extensão
Mas será que vivo mesmo
Ou é imaginação?

Minha cabeça girando
Pensamentos flutuando
No mundo da lua, será?
Vou me perguntando
Por onde estou andando?
Não consigo me encontrar.

Voltar atrás, será certo?
Sair deste deserto
Quem sabe desperto
Encontro, não sei com quem
E vou não sei pra onde.

73. APENAS UMA

Até quando grita, se o silêncio fala mais alto?
Até quando agita, se a paz vem da paciência?
Até quando se acomoda, com tantas lutas pela frente?
Até quando chora, com motivos pra sorrir?
Até quando rouba, se pode ter de graça?
Até quando procura a morte, se a vida bate à porta?
Até quando corre atrás de tantas coisas, se só uma é necessária?

74. COMPARAÇÃO DO REINO

Se Jesus viesse agora
Contando-nos uma história
Do Reino em comparação
Com que o compararia?
Acho que com um abacaxi
Parece coisa pra rir,
Mas tem uma explicação.

Por ser grande e saboroso
Como o reino é maravilhoso
É fácil ser encontrado
Mas lá ao seu arredor
Quanto espinho, que suor
Pra ele ser conquistado
E mesmo tendo em mãos
É difícil segurar
Quanto mais firme segura
Mais os espinhos perfuram
Tentando se escapar.

Para ser saboreado
Tem que ser descascado
Para o aroma espalhar
Quanto mais vai descascando
Mais liso ele vai ficando
E fácil de escorregar.

POESIAS E CANÇÕES

Mas pode ter certeza
Quem agarrar com firmeza
Não vai decepcionar
Em plena luta dura
Produz suco com fartura
Que pode nos saciar.

O abacaxi é o reino
Fácil de ser encontrado
Os espinhos são o comodismo
Enfim, todo o pecado
Difícil ser reconhecido
Mais ainda confessado.

A casca é a máscara
Que temos que arrancar
A barreira do orgulho
Que é preciso derrubar
Tornando-nos transparentes
Em qualquer tempo e lugar.

Nossos talentos enterrados
Que temos que arrancar
A falta de compromisso
De investir e acreditar
Na construção de um mundo novo
Onde a paz possa reinar.

O sabor é o Espírito Santo
Que está a nos seduzir
Mostrando que o peso da cruz
Não nos faz menos feliz

É tomá-la com esperança
E Jesus Cristo seguir
Talvez horas, faz chorar,
Mas no futuro sorrir.

O alimento é a Eucaristia
Sustenta, revigora
Dá coragem e alegria
Nos faz carregar Jesus
Como nossa mãe, Maria
Ah, se todos carregassem
Quão feliz o mundo seria.

75. MUNDO MODERNO

Num mundo moderno e artístico
Não dá mais pra fazer poesia
O verdadeiro poeta
Não pode ser só artista
Nem viver de teoria.

No silêncio busca a calma
Reflete o que tem na alma
E se põe a imaginar
Porque só um bom artista
O mundo de hoje conquista
Eu acho melhor parar.

Se pra fazer alguém sorrir
O ideal é mentir
Eu só sei fazer chorar
Se a verdade crua é dura
É melhor engolir pedras
Que pôr pra cozinhar.

Pra que tanta teoria
Trocar noite pelo dia
Só para palavras enfeitar
Inventar moda, falar difícil
Sabe-se que nada disso
Faz o mundo melhorar.

Eu só tenho simplicidade
Não cursei a faculdade
Só sei verdade e amor,
Mas em todos os outros dilemas
Eu nunca encontrei um tema
Mais belo e comovedor.

76. ALEGRIA

Alegria sei que existe!
Por que então fico triste
Sem poder a comtemplar?
Onde habita?
No infinito?
Por favor, dá-me um grito
Faz o eco ressoar
Eu irei a qualquer preço
Descobrir seu endereço
Pra que possa a encontrar.

77. AGROTÓXICO

Por quê? Quem o inventou?
Como num navio do progresso
O mundo inteiro embarcou
Viajaram sem direção
O navio afundou.

Quando despertaram já não tinha o que fazer!
O mal foi espalhando
Não puderam mais conter!
Quantos morreram por isso
E quantos irão morrer!

Eu alerto: pare, pare, por favor
A terra apenas precisa de amor.

A pobre está despojada... gritando socorro, ficando doente.
Como num exílio, pensando nos filhos futuramente.

Pare, fabricante, pare de fabricar
Pare, comerciante, de comercializar
Pare, fazendeiro, sitiante, chacareiro
Pare de comprar
Pare, empregado, boia-fria
Pare de consumir
Pare de maltratá-la
Pra que possa subsistir.

78. AS COISAS BELAS NÃO PASSAM

As coisas belas desta vida não passam nunca, hão de sempre ficar
Embora e gente se esqueça, elas permanecem em algum lugar
Digo-lhe: só basta parar e então lembrará de onde ela está
As coisas belas que já passaram, as outras que estão passando
As outras que hão de passar, e é por essas outras que estou esperando
Guardei aquelas que passaram, também as que estão passando
E pode ter a certeza de que irei guardar as que estão chegando
E guardarei também aquelas que de muito longe alguém está preparando.

79. FAMÍLIA E CRISTÃO

Família é bênção divina, construindo fraternidade
Com fé, respeito, esperança
Partilhando com justiça os frutos da caridade
Trocando os vícios por virtudes
Pra ter força e humildade
E, unidos em oração, acalmar as tempestades.
Recomeçar com sabedoria, paz, amor e dignidade
Na obediência ao Pai e na graça do perdão
Colaborando com Ele na obra da criação.

Enxergar nossos defeitos, corrigir com precisão
Nossa miséria não é tapada, mostrando o erro do irmão
A verdade prevalece, um dia todos verão
Olhamos nossa família como pequena aldeia
Quantas angústias, tristezas, falta de amor e paz
Que muitos anseiam
Teríamos vergonha de falar da vida alheia
Melhor é se arrepender, buscar libertação
Reparando danos, prejuízos que causamos aos irmãos
Só isso nos trará paz e alegria ao coração.

Participar da missa no Santuário, comungar Jesus no Cristo operário
Louvar e adorá-lo no Santo Sacrário
De joelho no chão meditando o rosário.

Saindo feliz, assumindo a missão
Curando os feridos
Levantando os caídos
Partilhando o pão
Anunciando a paz da libertação
Denunciando a injustiça da condenação
Isso é ser família, isso é ser cristão.

80. INIMIGO DA MORTE

Não basta ser inimigo da morte, tampouco ser grande amigo da vida
Precisa ser mais que isso e aquilo, solte o freio e engate a partida.

Vai gritar pra todos escutarem que Jesus veio libertar, acabar com a escravidão
Vai mostrar pro mundo o amor derramando seu suor em prol da libertação.

Não basta dar o abraço da paz, tampouco reanimar o irmão
Precisa denunciar a injustiça, cortar os laços da corrupção.

Não basta você rezar todo dia, tampouco considerar-se cristão
Precisa derrubar os preconceitos, fazendo de cada um cidadão.

Não basta ser um profeta do Reino, mostrar a grandeza do seu esplendor!
Mas invista aí suas ações testemunhando imenso valor.

81. FALAR DE JESUS

Falar de Jesus é tão fácil, difícil é aceitar
Ele é a verdade que muitas vezes vem nos machucar
E remédio quando é acertado, cai no machucado e dói pra danar!

Falar de Jesus é tão fácil, difícil é assumir
Um compromisso cristão que muitas vezes vem nos dividir
E Jesus quer a gente completo, então pra outro lado tentamos fugir.

Falar de Jesus é tão fácil, difícil é ser cristão
Amar nossos inimigos, perdoar e pedir perdão
Mas tudo isso é possível, pois os inimigos também são irmãos.

Falar de Jesus é tão fácil, difícil é corresponder
Com amor e sinceridade a liberdade que veio nos trazer
Tudo que é sacrificado quando é esbanjado se pode perder.

Se falar de Jesus é tão fácil, então por que não falar?
Com justiça, fé e caridade para que alguém possa nos escutar
Vendo em nós obras de conversão, abra o coração pra que Deus possa entrar.

82. FAÇA, SENHOR

Faças que o meu coração sinta um desejo abrasador
Fome e sede de ti, Senhor, necessidade do Teu amor.

Faças que o meu coração se arrependa de ter pecado
De se magoar, de ter magoado, de entrar na morte ou de ter matado.

Faças que o meu coração possa enxergar a Tua luz
Seguir Teus passos, ó meu Jesus, deixar que o Senhor me conduz.

Faças que o meu coração saiba escutar-te e compreender
Encontrar-te e conhecer, aceitar-te e te acolher.

Faças que o meu coração saiba parar e refletir
Pensar e discernir, amar-te e te servir.

Faças que o meu coração queira dos vícios se libertar
Ser hóstia santa no Teu altar, sacrário vivo pra te abrigar.

Faças que o meu coração viva a fé com sinceridade
Sempre fiel à Tua verdade, gozando a paz da eternidade.

83. VIDA ETERNA EXISTE

Jogue os vícios fora, pise neles agora
Já está na hora de ter paz no coração.
Busque as virtudes, vida em plenitude
Pra que o ajudem a tomar jeito de cristão
Já correu demais pra frente e pra trás
E não foi capaz de encontrar libertação.
Precisa parar, para enxergar
E poder tomar uma nova direção.

Se o Senhor te chama pra sair da lama
E acender a chama da felicidade,
Ouça este grito, vem do infinito
Forte e bonito e traz liberdade
Não fique inseguro, desça já do muro
Entregue o futuro nas mãos do Senhor
Será tão feliz, como sempre quis
Nada contradiz sua paz interior.

Viver de aparência não é uma crença
E sim uma ofensa contra o nosso Criador
Cai na realidade, sai da falsidade
Aceita a verdade, seja um com teu Senhor!
Vida eterna existe
Os que creem investem e os que desistem
É porque a morte se rendeu
Pensa e diz "que bom viver de ilusão"
Acorda, irmão
Veja o quanto já perdeu
Veja o quanto já perdeu.